项目成果：

　　2021浙江省教育厅一般项目《互联网＋时代中小制造企业模块化创新研究》（Y202147462）

　　2023高等学校访问工程师校企合作项目《校企联动促进宁波外向型科技企业模块化创新研究》（FG2023027）

　　宁波职业技术学院学术著作出版资助专项课题《模块化创新链破解中小外向企业困境路径研究》（NZ23CB02Z）

模块化创新链破解
中小外向企业困境路径研究

黄　燕◎著

中国原子能出版社

图书在版编目（CIP）数据

模块化创新链破解中小外向企业困境路径研究 / 黄
燕著. -- 北京 : 中国原子能出版社, 2024. 8. -- ISBN
978-7-5221-3574-8

Ⅰ. F426.4

中国国家版本馆 CIP 数据核字第 2024PW3529 号

模块化创新链破解中小外向企业困境路径研究

出版发行	中国原子能出版社（北京市海淀区阜成路 43 号　100048）
责任编辑	白皎玮　陈佳艺
责任校对	刘　铭
责任印制	赵　明
印　　刷	河北宝昌佳彩印刷有限公司
经　　销	全国新华书店
开　　本	787 mm×1092 mm　1/16
印　　张	14.25
字　　数	210 千字
版　　次	2024 年 8 月第 1 版　2024 年 8 月第 1 次印刷
书　　号	ISBN 978-7-5221-3574-8　　　　**定　价　88.00 元**

前　言

当前，世界正处于一场前所未有的大变革之中，国际秩序受到严重的影响，又面临着贸易格局重构，各国发展均面临着机遇和挑战。中国的外向型企业尤其是中小外向型制造企业借此契机开拓国内市场，从而规避国际市场动荡风险显得尤为迫切。而且中小外向型制造企业作为推动我国经济发展的中坚力量，面对客户需求端的巨大变化，快速协调生产资源安排复产，对于稳定就业、繁荣市场、促进创新等都具有重要作用。

然而，中小外向型制造企业作为我国一支重要的科技创新力量，或受限于没有合适的创新方法，或受制于没有现实可用的创新路线，或受限于没有提供持续创新服务的辅助平台，无法提炼出好的创意，实践好的创新方案，经营好的创新产品。如何帮助中小外向企业将好的创意种子播种在中国的"土壤"里，使其生根发芽，茁壮成长，开花结果，探索一条适合中小外向企业的科技转型升级路径显得尤为重要。中小外向企业的科技创新相对大企业有着更大的成本约束，进行创新产品组合、批量生产来降低成本将不失为一种现实的选择。在"互联网＋"时代充分利用大数据背景，通过产品差异化设计实现柔性制造是中小外向企业快速适应市场的可行的创新模式。模块化作为柔性制造的一种模式相较于其他方式更具灵活性。模块化既是一种技术，也是一种制度，这种技术导致了不同于以往的组织之间的市场协作方式。从技术层面，模块化技术通过降低系统内部的知识关联，降低了分工所带来的协调成本。从制度层面，模块化技术作为一种协作关系的柔性组合，降低了组织内部的考核成本，提高了交易效率。模块化技术的应用使得企业的分工经济大于由此产生的交易费用，从而促进了分工的演进。因此，中小外向企业以其产品可分解的特点建立以产品模块创新为基础的组合产业链，适应个性化市场达到服务模块化，通过批量生产来降低成本将不失为一种现实的选择。本书着重分析模块化创新对于中小外向企业的价值，探讨中小外向企业模块化的创新机制，结合浙江本土先进的模块化企业、产业群的案例进行实证分析，并在此基础上提出中小制造企业模块化创新的实现路径。全书分析框架如下。

（1）模块化创新的价值

在全球经济形势不稳定的背景下，中小外向企业必须遵循"双循环"战略的要求，改变原有的制造模式，以降低企业成本，满足不断变化的市场需求。本书深入研究过程中要通过具体的调研、访谈等方式对中小外向企业开展模块化的可行性和价值进行深度分析并对模块化创新的理论进行有效整理。

（2）模块化的创新机制研究

中小外向企业相对于传统企业更具有创新发展的动力和转型发展的需要，通过模块化的模式发挥产业集群效应，增强创新能力、降低成本将不失为一种有效的选择。通过构建柔性创新链为企业获取的成本优势和差异化优势。同时利用 SPSS 和 Amos 等数据分析软件对样本数据进行描述性统计分析、层次回归分析和结构方程假设检验。初步探索了柔性制造创新链对竞争优势的影响，模块化创新设计在自变量和因变量之间的中介作用。根据实证研究结果，总结产品模块化对创新链构建的影响路径。

（3）模块化创新现实路径

选取了浙江省典型的模块化创新链构建案例，通过访谈、实践参与、问卷等方式对公司的数据和资料进行整理分析，从公司的基本概况、产品模块化发展历程和现状分析企业如何利用产品模块化获取成本优势、差异化优势，以及建立企业竞争优势的途径。在实证和案例分析的基础上，提出了利用产品模块化提升企业竞争优势的建议。这些研究成果为我国中小外向型制造企业找到一条适合自己的可持续创新发展之路有一定的借鉴作用。

在此，感谢在本书的写作过程中给与无私帮助的各位专家、领导和企业界朋友。首先非常感谢宁波职业技术学院董鸿安教授、邱璐轶教授对本书的构思和创意做出的指导。其次感谢合作伙伴王一名老师为本书的写作提供帮助，还有连续三届一起参与挑战杯和企业案例比赛的学生，如国际经济贸易专业的吴春玲、陈依童、徐婷婷、李沁蓓、龙凤娥、倪瑛和叶佩华诸位成员薪火相传般参与项目的访谈和调研。最后，感谢书中提到的案例公司宁波长禾古智能设备有限公司总经理胡晓浩的大力支持，从 2019 年浙江省大学生挑战杯比赛的合作开始，毫无保留地分享公司的创业经历，使笔者掌握了丰富的第一手资料，顺利完成了探索性案例的研究工作，并对本书理论模型的构建具有直接支持作用。感谢家人的理解、支持与包容，使我能够安心工作，顺利完稿。

由于时间、精力有限，书中还有很多有待改进的地方，期待各位学者、专家、领导和读者朋友批评指正。

目　录

第一章 绪 论

一、研究背景

（一）后疫情时代的紧迫形势

一场突如其来新冠疫情对全球经济运行造成了巨大冲击。疫情之后全球供应链遭受重创，国内的外向型企业面临产业链、供应链重组的巨大挑战。中国作为制造业大国，在后疫情时代如何调整企业市场和产品的战略显得尤为重要。作为制造行业的基础支柱，中小外向企业通常扮演着为全球市场辅助供货和服务的角色，参与到生产过程。一旦客户的需求出现显著的转变，这些中小外向企业是否有能力迅速地调动生产资源并恢复生产，是否有能力根据市场的动态来推动新的生产，甚至于在危机中调整和转型，这些都是决定公司在剧烈的竞争中能否保持生机的重要因素。

（二）中小外向企业纾困举步维艰

在后疫情时代全球经济提升不振，产业链不稳定性加强的背景下，受冲击最严重的中小外向企业在复工复产的道路上仍然面临着极大的困境和挑战。在前期，由于我国的疫情，许多公司陷入了暂时的停滞状态，导致其日常运营被切断。然而，在后期，欧美等地的疫情蔓延严重，各方都采取了限制通行的策略来对抗疫情，这使得全球的供应链出现了部分中断。国内的中小外向企业面临外部市场需求减少、国际人员和物资的流动受阻以及资金周转的三大挑战。在这样的危机时刻，重新审视行业和企业的发展，进行内部改革，在遇见"危"的同时能够找准突破口是我们需要探讨的话题。

（三）政策利好制造转型

疫情以来，国务院提出了疫情下支持与保障企业渡过难关的政策建议，促成中小外向企业的转型升级。2020年6月22日，国务院办公厅印《关于支持出口产品转内销的实施意见》，明确要求促进企业进行精准的产销对接。近年来，各级各地政府也为发挥产业政策总体优势，整合各类资源提供政策支持。2019年宁波市政府发布了《宁波市优化产业政策促进产业转型发表的意见》。也对当地的中小企业转型提出了具体的政策扶持。本案例中的宁波长禾古智能设备有限公司正是抓住"智慧城市建设"的机会在疫情中顺利突围。

二、研究内容和思路

本书通过对典型案例的转型分析，总结中小外向企业如何通过产品模块化创新的经验。研究"产品模块化－大规模定制－组织模块化"组合创新模式在中小外向企业的应用，结合数据统计，针对中小外向企业模块化创新模式进行深入分析，提出相应的对策建议，进而使其他的中小企业借鉴此方法，进行精准的定位市场，结合目标市场客户需求开展研究，找到可行的产品创新模式，突破中小外向企业转型障碍，稳固其市场资源，进而实现中小外向企业健康长远的发展，为双循环战略下中小外向企业发展提供有益的参考。

（一）研究的主要内容

本书研究通过分析和归纳中国中小制造企业在后疫情时代外部环境变化下所面临的困难和问题，分析了中小外向企业模块化创新的条件，探讨模块化的创新机制，结合典型中小型企业模块化创新过程进行案例分析，并在此基础上提出中小外向型制造企业模块化创新发展路径。

1. 模块化创新的现实困难

全球经济遭受了突如其来的疫情冲击，中国作为全球抗疫的前线，也在经济社会发展上遭遇了严峻挑战。一方面，需求的波动对制造业提出了巨大的考验，另一方面，由于疫情导致正常供应周期的中断，对制造业的资金链和现金流带来较大的影响。而中小制造企业作为推动我国经济发展的中坚力量，面对其依靠的"人口红利"不断消失、依赖资源要素投入和规模扩大的粗放式发展模式正在逐步瓦解，同时土地和原材料价格的增长，既有的成本优势的发展模式必须做出改变。通过改变生产方式来减少企业成本是中小制造企业的唯一生存之道。

2. 模块化创新的构建基础

信息化的不断发展使制造业也呈现信息化竞争的特性。利用大数据信息技术，中小制造企业能够构建网络平台，实现顾客和企业间的信息共享，打破时间和空间的限制，实现快速反应机制，这是在信息化时代中突破的有效途径。企业需要通过批量生产来降低成本，但客户的需求却变得更加个性化和多元化；市场的动态变化日新月异；产品的数量急剧增长；多样化、小批量生产的比例提高；产品的生命周期缩短，但设计周期却在逐渐延长；客户对交货期的期望越来越高；产品的竞争日益扩大和全球化。信息化的竞争手段则可利用大数据背景，采用产品特色化的设计改革和升级已经变成了公司获得竞争力的核心策略。在面临筹款困境的中小制造企业看来，采用模块化方法在大规模生产流程中能够有效减少开支、增强创新

3

和提高工作效能。产品的模块化设计既可以减少制造商的生产周期，简化生产步骤，进而减少制作费用，也可以满足对于特殊产品的生产需求。所以，以模块为基础的大规模定制可以将大型生产与特殊设计的优点融为一体，既可以避免经济利益损失，也可以满足消费者的特殊需求，并且还可以维持相对较低的成本和更短的交付周期。现在，无论是手机、服装、建筑还是照明领域，都在大力推行产品模块化的生产模式。模块化产品拥有各种各样的形状、连接性、可逆性、跨领域、零库存、高效率等优点，再加上"大规模的产品成本，定制化的产品价格"，这些都能让企业在市场竞争中占据优势地位。

3. 模块化创新机制研究

模块化的创新方式，相较于传统的职责划分，其实质性的差异在于模块化的组织结构，旨在消弭知识职责和任务职责之间的冲突，并借助团队内部紧密的沟通和配合，缓解被切割的个人知识与全局职责之间的冲突。模块化技术不仅代表一种科学的手段，更代表一种系统的架构，它使得以往的企业间以知识分享为主的合作形态发生了改变。在技术方面，模块化技术能够推动知识的扩展，减少系统内部的知识连接，并减少因分工而产生的协调开销。在制度方面，模块化技术作为一种协同合作的模块化操作，能够减少组织内部的评估开销，并提升交易的效率。应用模块化技术使得分工所产生的经济效益超过了分工带来的交易成本，这推动了分工的发展。在模块化产业中，子模块供应商和整合公司的紧密联系可能会妨碍子模块供应商的创新，然而，如果没有合作的单纯市场行为，也不利于在模块化产业中子模块供应商的创新驱动。所以，在模块化领域，各个子模块的供应商能够和集成公司结成一个知识联盟，采取轻松的协同模式来推动创新，这种做法被视为一种"互利共赢"的策略，它能够提高在执行创新策略后的各个参与者的利润，这也有助于激发各个子模块的供货商的创新动力，并且需要设定适当的环境来确保各个子模块的供货商能够维持他们的创新协同。

4. 案例实证分析中小外向企业模块化创新的现实路径

本书利用案例分析法，选取宁波典型的中小外向企业模块化创新实践的案例数据，基于深度访谈、问卷调查等方法对公司数据和资料整理分析，对公司的基本情况、产品模块化的发展历程和现状，以及产品模块化带来的成本优势和差异化优势进行了深入分析。在问卷设计的过程中，除了设计研究变量的表格，还选择了适当的控制变量。主要针对制造业的中高级管理人员和生产车间的管理者进行问卷调查。同时，使用 SPSS、AMOS 等数据分析工具对样本数据进行描述性统计分析、层次回归分析，以及结构方程假设检验。初步通过层次回归分析研究了产品模块化对竞争优势的影响，以及制造柔性在自变量和因变量之间的中介作用。结构方程假设检验进一步探讨了模块化设计和生产对成本优势和差异化优势的影响途径。依据实际调查的数据，梳理了产品模块化如何影响生产柔性和竞争力。本书探讨了制造企业如何运用产品模块化的生产策略来增强其成本优势和差异化优势的手段和效果，并进一步寻找了公司通过模块化创新来构建竞争优势的具体路径。对于中小外向型制造企业的生产模式改革和获得竞争优势的相关问题提出了实施的建议。

（二）研究思路

本书主要遵循"理论框架-机制-效应-对策"的逻辑。以相关的学术资料总览为出发点，根据模块化和模块化产业组织的理念，专注于探讨在模块化生产模式下，中小外向制造企业的变革动力和提高的动力来源，同时借助制造行业模块化变革案例，进行实证性的检测，以确定在模块化生产模式下，中国的制造业发展的影响要素和效果，进而为中国的制造行业设计一套高效的改进方案，并提出相关政策建议。

三、研究方法和技术路线

（一）研究方法

1. 文献分析法

文献分析法是指收集、辨别、编排文献，并通过对这些文献的探讨，建立对事实的科学理解。本书通过收集和分析国内外有关产品模块化、竞争力等相关的文献，掌握产品模块化、竞争力、柔性制造的研究现况，进行全面的分析，特别是深入研究大规模生产的定制和产品模块化创新的理念，获得必要的文字资料，为案例的深度探讨提供理论支持。并在文献研究的基础上制定任务清单的初步草案。

2. 问卷调查法

依据本研究的内容和目标，设计、分发并回收了调查问卷以获取研究数据。使用李克特量表对变量进行了更精确的量化，以便进行测量。主要调查了一些中小制造企业的中高级管理人员和制造车间的管理者，调查采用了线下和线上相结合的方式进行。

3. 系统分析方法

系统性的分析手段就是将要研究的问题视为一个整体，全面剖析整个系统的各个元素，以寻找能够实现这个问题的策略。这种方式被视为实际应用研究的核心技巧，它的核心观念就是通过对整个系统的目标、元素、环境、资源及管理的详细剖析，精确地识别问题，深入探究问题根源，提出具体解决策略。实现模块化的核心在于将产品视为一个整体进行分解，而模块则可以看作这个整体里半自主的一部分，它们都拥有独立的调整与改善的能力。通过模块化的分配能够突破区域的束缚，许多模块供应商转变为公司级的模块,同时,系统的管理人员也转变为系统的集成人员。在所有的研究阶段,都会持续进行关于模块、模块化及模块化创新的深入探讨和论述,这就是本书采用的模块化研究的基本策略。

4. 实地访谈法

通过对研究对象进行深入和系统性的考察,采用开放式、半开式或封闭式的交流互动,获得研究对象的相关信息,如产品的性能、产品模块设计的步骤,从而验证研究假设与结论。同时对生产经营等各方面进行详细的访谈来了解当前世界经济对企业生产的影响,以及如何通过转型保持企业生存。在生产经营方面主要调查企业目前的客户群体情况、产品销售区域、产品单价变动等。

5. 跨时期的单案例研究法

单案例研究法的跨时期应用,能够揭示同一案例在不同时间段的多样性发展,这种研究手段能够更有效地提升研究的深度,并且适用于过程模型的构建和分析。通过对案例企业在各个阶段的发展状况进行研究,并结合访谈、查阅相关资料等手段,对公司进行深入的分析,为研究提供了充足的素材和资料。此外,本书还针对技术创新、产品模块化生产、大规模定制等诸多问题,通过与行业内的管理专家,包括公司的主管、高层管理人员、普通员工等进行深度交流和访谈来获取最新信息,寻找其内在的规则,防止偏颇和主观。

6. 采用理论分析与案例分析相结合、定性分析与定量分析相结合的方法

本书通过融合理论分析和案例分析,以及定性和定量分析的方式,不仅全面地探讨了模块化生产网络对中国制造业升级的影响机制,还有效地将中小制造企业的模块化演变和产业升级阶段融入到研究中。在另一个角度来看,除了对制造业升级的定性原理进行分析,还通过调查问卷的方式来实证研究模块化生产环境下中小制造业升级的主要影响因素和其影响程度。

（二）技术路线

本书的技术路线如图 1-1 所示。

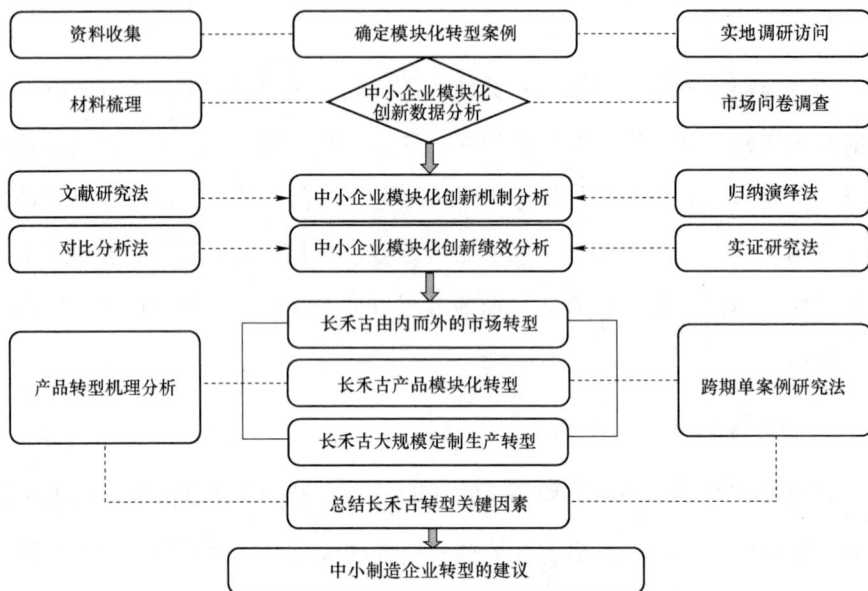

图 1-1 技术路线图

四、研究的意义

（一）实践意义

2024 年政府工作报告提出"促进中小企业专精特新发展"。"专精特新"一词已经连续三年出现在政府工作报告中，体现了我国持之以恒、锲而不舍支持中小企业专精特新发展的决心。"促进中小企业专精特新发展"成为代表委员们关注的热点话题。中小企业不仅是发展的基石，也是就业的主要途径，同时也是创新的关键来源。对于推动就业和创新，发展中小企业起着至关重要的作用。而且，探索适合中小制造企业的创新方法，对于政府的决策、中小制造企业的成长及中国的经济社会发展都有着深远的影响。

1. 宏观层面

通过对创新驱动和产业转型升级的相关研究，能够更深入地理解国家执行的战略政策，并且有助于将理论和实践紧密结合。对创新驱动的探讨也能够有助于加速从依赖要素和投资驱动向创新驱动的转变，从而推动我国的经济持续发展。

2. 中观层面

对于长江经济带创新环境与产业转型的相关条件分析，能够更好地促进产业结构优化，对促进区域协调发展，提升国家整体发展水平都具有一定的现实意义。针对产业转型升级中的问题提出了相应的建议措施，也能为通用设备制造业发展提供有借鉴意义的指导。

3. 微观层面

在微观层面，通过深入研究创新环境和产业变革的相关因素，有助于优化产业布局，推动区域间的和谐发展，并提高总体发展质量。针对产业变革过程中遇到的问题，给出适当的建议和方案，为除了通用设备制造行业的发展带来参考价值。

（二）理论意义

透过探讨产品的模块化生产策略如何影响中小型制造商的成本效益与独特性，可以作为推动这些公司改进其生产策略的重要依据，同时也能帮助他们在竞争激烈的市场环境下迅速获得优势。在满足消费者的期望的基础上，达到大规模的经营，以及有力地减少生产开销。透过对一些具体的案例的研究，明确了中小型制造企业如何利用产品组合的策略来迅速构筑其竞争力，这对于我国的中小型制造企业转型其传统的生产流程，以及为他们赢取竞争优势提供了启示。

五、创新之处

目前，大部分关于创新驱动和产业转型的研究都是在国家或制造业这一大的范围内进行的，而本书则是将研究视角对准外向型中制造业，对适合外向型中小制造企业的创新进行了深入的分析。此外，本书还采用了多案例分析研究的方法。通过实例研究，更精确、科学和客观地揭示了产业转型升级过程中的问题和挑战，得出更具现实意义的结论和建议。具体的创新表现在以下三个方面。

（一）研究对象的创新

外向型中小制造企业作为制造业的重要部分，虽然规模小、资金少，但却是最具创新活力的部分。后疫情时代囿于融资难、用工难、技术创新难，鲜有适应于外向型中小制造企业创新模式的研究。而模块化生产作为一种新兴的生产组织模式，为外向型中小制造企业的低成本创新升级提供了一个崭新的分析思路。通过对一些成功运用模块创新升级的中小外向企业的实地调查，找出适应我国中小制造企业发展需求的产业改革途径。这为增强中小制造企业复杂产品体系的创新性提供了决策参考。

（二）研究视角创新

过去的学术研究主要集中在加强分工、创新实施、市场冲突等特定的观点来探讨模块化生产如何推动制造业的提升（无论是正面还是负面）。本书则使用了包括国际经济学、产业经济学、管理学、经济社会学在内的跨学科的系统性研究方法，以全面的理论框架来解读模块化生产过程中的分工加强、创新实施、市场冲突，以及社会资金的流动如何影响外向型中小制造企业的变革。通过突破单一观点的束缚，构建出在模块化生产环境中制造业提升原理的全面理论框架。

（三）研究方法创新

以往研究中，大部分关于模块化创新的著作主要是静态描述和规范性的研究，而对数据的定量研究则相对较少。本书通过构建模块化生产下中小外向型制造企业升级的一般性机理模型，并利用问卷调查的方法，实证分析了产品模块化对企业绩效、创新能力、组织绩效等的影响，并深入探讨了产品模块化对竞争优势的影响，以求为中小外向型制造企业提供更具针对性的政策建议和改进方案。

第二章　文献综述

一、大规模定制理论

（一）大规模定制的概念界定

在 1970 年的《未来冲击》一书里，Alvin Toffler 首次阐述了大规模定制的定义，他主张以与大型生产相当的效能与速度为消费者提供独特的商品，这也标志着他首次尝试实现大规模定制的构想。B.Joseph Pine Ⅱ 的《大规模定制企业竞争的新前沿》一书对大规模定制的理念进行了更深入的解读。虽然过去大规模定制一直被看作一个迫切需要处理的难题，然而它已然变成了制造业必须直面的事实。它意味着用大规模生产方式来满足消费者的需求，以实现量身定做的产品。这是一种通过使用生产成本－效率制造技术来重新设计并制作高质量的特殊产品。许多国内专家已经开展了关于大规模定制的深入研究。祁国宁等提出，大规模定制的核心理念是通过改变个性化商品的设计和生产流程，从而实现整体或局部的大规模生产。邵晓峰在这个理论的基础之上，更深入地阐释了大规模定制的含义，明确表示大规模定制的实施需要借助于改良商品的设计和生产流程，并利用信息科技、新型材料科技、灵活的制造工艺等先进科技，把全部的或者一部分的产品进行定制生产，然后进行大规模的生产，以满足每一位顾客和各式各样的市场需求，同时也能够提供价格合理且效益显著的特别产品。

通过对大规模定制的几个主要观点的总结，可以看出，它的核心词汇包括定制、时间和成本。尽管各个观点在表达方式上存在差异，但它们的核心内容始终紧密相连。简而言之，大规模定制需要信息科技的助力，借助柔性生产、高效制造、创新材料，以及前沿的管理技术等尖端科技工具，将定制产品所面临的挑战变为大规模生产，其最终目标在于通过大规模生产带来的成本与收益迅速满足市场的特定需求。

（二）大规模定制的实施战略

邵晓峰及其团队指出，一般来说，大型个性化的生产方案主要采用的是模块化的设计及延迟制造。刘会芬在论文中对此进行了详细的解释，模块化和延迟制造是实现大规模定制的两个主要途径。前者通过标准化零部件和产品系列化来精减定制环节，从而降低成本，而后者则是尽可能地将定制活动推向下游。采取模块化设计的方式，利用统一且普遍的元素和组件以达到多样化的产品要求，同时采取最大限度地推迟定制任务的实施。实际上，单独运用模块化设计和延迟制造，对于提高生产效率和满足定制需求的效果并不显著。汤向东提出，延迟制造是指只有在产品满足预定的模块化需求后，制造商才会开始生产，这样就能将定制环节和大规模生产的模块化部件的制造过程分离。然而，延迟制造策略的缺点十分突出。依照专家对大规模定制的解释，其中一个必要的步骤就是进行流程和结构的重塑。然而，延迟制造策略只是通过调整产品的生产流程，尽可能地推迟定制化的参与，以实现更大规模的批量生产，这并未真正改变"定制化"的核心问题，也就是说，仅凭延迟制造策略无法从技术层面改变产品，但它确实是提高生产效率、减少定制成本的有力手段。采用模块化设计作为执行大规模定制的另一种方法。解爱华指出，模块化是一种将标准化思维应用于部件层面的方式，它既是一种开发产品的手段，也是一种思考模式。这里不对模块化的相关理论作深入的阐述，后续的内容将会详细阐述。在进行大型定制生产的时候，不仅包括延期制造策略以及模块化的生产方法，一些学者还把快速产品创新技术、灵活的生产方法、SCM 等方法融合到大型定制的实施方案里。然而，这些技术实际上是模块化设计和延迟制造策略的具体实施方式。在模块化设计被用于其他技术的更深层次应用中时，它是一种必须改变产品结构的选择，而延迟制造策略则能为整个生产流程的重组提供指导。

二、产品模块化理论

"大规模定制"的理念正在受到越来越多的关注，这也使得产品模块化因其相对于传统生产方式的优势被更多的公司所采纳。这种生产方式在降低成本和满足定制化需求之间取得了平衡，为公司赢得了更大的市场份额，因此产品模块化得到了快速的发展。

（一）产品模块化的概念界定

陈丽娟认为产品模块化是伴随着网络经济的崛起发展起来的，制造科技与销售业态不断的转型，给传统的商业模式造成了深远的影响。随着互联网与大数据的崛起，研究人员开始对模块化的生产方式及其流程设计的相关议题产生了越来越多的关注。张治栋认为由于生产制造行业对于独特性与差异性的市场需求促成了模块化的诞生。随着人民的生活水平和财务条件的不断提升，消费者的需要也越来越倾向于个性和定制化产品。所以，企业需要立即响应这个转变，根据市场的真实状态，采取恰当的方法去唤醒顾客的购物热情。另外，夏辉也强调了模块化理念的演变过程，即从设计到生产、再到组织，最后到产业的整合。

（二）产品模块设计

因为产品具有的科技特征，学者们主要集中在产品设计的组件化上。这类研究能够根据科技进步的观点，被区分为科技结构的组件化和科技过程的组件化。因此，可以把产品模块化的相关文献进行两个层次的整理：技术框架的模块化和技术流程的模块化。

1. 技术架构的模块化

Ulrich.K.提出，产品的技术框架主要由三个部分组成：产品的特性（通常不只一个）、对应的物理单位和它们之间的交互界面。按照这个框架的解释，模块化的产品的特性往往和其中的某个物理单位形成对应关系，并且这些单位的交互比较轻松。然而，集成式的产品的特性和物理单位的关系却是多对多或多对一的。在元素之间的相互作用上，相对来说相当密切。由于各部分之间的相互依存程度相对较低，即使对某部分进行修改或者替换，也无法对其他部分的正常工作造成干扰，所以，模块化设计的产品往往会比整合式设计的产品更加灵活。

2. 技术流程的模块化

根据产品的生产流程进度，每个产品或系统都会经过六个步骤：设计、研发、生产、应用、管理和淘汰。因此，技术过程的模块化应该与产品的生命周期的各个阶段保持一致。另外，企业经营者会对产品设计的各个阶段提出各自的期望。若希望在确保质量的基础上减少生产开销、增强生产效益，那么在产品的制作过程中，就必须对其制作、组装、检验等环节进行细致的规划。若要缩短产品的销售周期，在产品研发过程中就需要关注产品内部组件的普适性，使用通用模块能显著缩短新产品或者更新版的市场适应期。此外，各个阶段的产品设计也将对达成特定目标带来巨大的影响。举个例子，在产品设计的成长过程中，其所面临的限制要远超过其在初始阶段的设计。鉴于各种外在条件，如工业属性与商业环境，都可能对产品开发过程造成影响，开展跨地域的比较分析是非常重要的。Ikeda 和 Nakagawa 的研究表明，欧美汽车行业的模块化策略比日本的更为先进。然而，各种行业的属性以及市场状况的变动，都可能对模块的构建造成影响，这一点在组织和制造的层面上更为明显。在为产品生命周期的各个阶段设定了各自的流程模块化目标之后，需要评估产品的模块化水平来判断这些目标是否已经达成。然而，关于产品模块化的评估并未形成一致的标准。从产品的技术结构来看，某个产品可能在总体上具有较高的模块化水平，但其部分的模块化水平相对较低，或者在总体模块化水平相对较低的情况下，部分的模块化水平相对较高。

根据模块化理念，可以把复杂的商品或制造流程根据一定的设计原则拆分成各自独特的部件，让各个机构都能够集中精力在他们所熟悉的部件上，这样的专门性分配对推动部件创新大有裨益。但是对于产品的设计原则不是单一原则的，要根据市场特点、消费者需求和产品自身的特性找到一个适宜的研发突破口。

（三）模块化与产业组织

《设计规则：模块化的力量》和《模块时代：新产业结构的本质》两部著作的问世，不仅推动了全球范围内对模块化的深度研究，也在众多领域掀起了一股模块化的学术热潮。我国也开始重视模块化设计的研究，并且取得相应的成果——《模块化原理设计方法及应用》。此书作者童时中曾经阐述过，通过使用模块化技术，可以推动产品的创新，制造更为丰富的产品，同时还能够改变当前的行业结构与体系。在《模块化生产网络：一种新产业组织形态研究》一书中，柯颖和王述英阐述了全球制造模式下，以标准模块为基础的模块化推动了产业价值链的重塑，而这个价值链重塑的核心问题是如何确定模块的价值。所以，有必要探讨模块价值的变化原理。在《模块化组织研究》一书中，探讨了价值链和大型企业在模块化转变过程中的特征。通过深入探讨产品、行业以及生产网络的模块化转变，对模块化组织的构建和运营机制做了一个全方位的解读。《模块化企业价值网络》一书对模块化企业价值网络的生成原因、组成元素及其所具有的组织特征进行了深入的探讨。《模块化：经济分析新视角》一书对传统的分工和模块化进行了对比，并对分工发展到模块化阶段的演变过程进行了全面的研究。《产业模块化研究》一书深度剖析了产业模块化的三个方面：模块化生产、模块化设计和模块化组织，并针对江苏软件产业的发展现状，提出了以模块化为基础的政策建议。

（四）模块化与技术创新

张其仔在《模块化、产业内分工与经济增长方式转变》一文中，详细分析了模块化如何改变产业布局、推动科技创新，同时也考察了模块化可能引发的中国产业提升的隐藏效应。他根据这些研究成果，提出了应对模块化时代，为提升中国产业竞争力，并实现产业优化升级提供了策略建议。张伟在《模块化组织的形成、演进及运行机理研究》一篇文章中将模块化组织定义为一个由专业知识构成的团队。他运用了修订版的 Becker-Murphy 模型，探讨了模块化组织的自我发展过程，并分析了模块化组织内部各个行为主体之间的相互关系如何影响创新驱动力。刘健在《模块化产业组织的形成机制及其发展途径研究》中指出，产业组织模型的塑造源于经济环境及市场参与者的共同影响和共同进步。要想在模块化的背景下推动产业组织的创新，需要从经济环境和市场参与者两个方向着手去考虑模块创新。赵淑英在《模块化生产网络对技术创新的影响》这篇文章中，对中国计算机制造业如何有效利用模块化生产网络以增强其技术创新能力，进而推动产业进步进行了深入的行业研究。通过分析 1995 年到 2012 年中国的电脑制造行业的表格数据，她有效地研究了模块化生产系统如何影响中国电脑制造行业的技术革新，同时也确认了这种系统在推动技术革新方面的有效性。曹宏剑于 2022 年发表的《网络经济时代模块化组织运行与治理机制研究》一文，融汇了新制度经济学、演化经济学及行为经济学的理论，以模块化组织的产生与进步作为切入点，对其内部及外部的创新方式进行了详细的分析。同时，他也对中国制造业的优化升级提出了一些建议。对于模块化的定义已经相当明确，并且从对模块化产品的探讨扩展到对模块化产业结构的研究，这不只是对产业结构理论的深入和拓宽，同时也逐渐增强了信息科技在生产方式变革过程中的核心地位。将模块化的创新提升至系统创新的水平。技术创新是模块化的一种内在动力，然而，它可能会受到模块化本身的限制，所以我们需要在系统外部引入推动技术创新健康发展的元素。如何培养并提升技术创新的能力，以便摆脱全球分工的低级限制，达成向全球价值链顶端的跃升，这是发展中国家所面对的普遍挑战。

第三章　中小外向企业面临的创新问题

一、中小外向企业的划分原则

（一）中小制造企业的界定

大部分的中小型生产公司的界定基于它们的结构特点，"中小型"则基于它们的规模。"生产"代表的是一个行业的特点，而"公司"则代表了一个经济的特点。在考虑到规模的因素时，我国的公司规模评估主要依据公司的所在领域、营业收入及雇佣的员工数量三个维度，而且，这些公司按国家行业标准划分分别为四大类别：大公司、中公司、小公司和微公司。在此，将中小企业统称为中型、小型企业。根据我国的公司行业分类，我国的工业主体涵盖了采掘、加工以及电能、热能、燃料、水的生产与提供。因此，在本书中，将中小制造企业定义为工业制造企业。综上所述，中小制造企业的定义是中小企业和工业企业的交叉子集，三者之间的关系如图3-1所示。

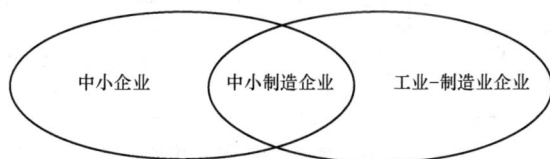

图 3-1　中小制造企业范围定义示意图

根据中国统计局发布《统计上大中小微型企业划分办法（2017）》的通知，我国企业具体划分如表3-1所示。

表 3-1 统计上大中小微型企业划分标准

行业	指标名称	计量单位	大型	中型	小型	微型
农、林、牧、渔	营业收（Y）	万元	$Y \geq 20\,000$	$500 \leq Y < 20\,000$	$50 \leq Y < 500$	$Y < 50$
工业	从业人员（X）	人	$X \geq 1\,000$	$300 \leq X < 1\,000$	$20 \leq X < 300$	$X < 20$
	营业收入（Y）	万元	$Y \geq 40\,000$	$2\,000 \leq Y < 40\,000$	$300 \leq Y < 2\,000$	$Y < 300$
建筑业	营业收入（Y）	万元	$Y \geq 80\,000$	$6\,000 \leq Y < 80\,000$	$300 \leq Y < 6\,000$	$Y < 300$
	资产总额（Z）	万元	$Z \geq 80\,000$	$5\,000 \leq Z < 80\,000$	$300 \leq Z < 5\,000$	$Z < 300$
批发业	从业人员（X）	人	$X \geq 200$	$20 \leq X < 200$	$5 \leq X < 20$	$X < 5$
	营业收入（Y）	万元	$Y \geq 40\,000$	$5\,000 \leq Y < 40\,000$	$1\,000 \leq Y < 5\,000$	$Y < 1\,000$
零售业	从业人员（X）	人	$X \geq 300$	$50 \leq X < 300$	$10 \leq X < 50$	$X < 10$
	营业收入（Y）	万元	$Y \geq 20\,000$	$500 \leq Y < 20\,000$	$100 \leq Y < 500$	$Y < 100$
交通运输业	从业人员（X）	人	$X \geq 1\,000$	$300 \leq X < 1\,000$	$20 \leq X < 300$	$X < 20$
	营业收入（Y）	万元	$Y \geq 30\,000$	$3\,000 \leq Y < 30\,000$	$200 \leq Y < 3\,000$	$Y < 200$
仓储业	从业人员（X）	人	$X \geq 200$	$100 \leq X < 200$	$20 \leq X < 100$	$X < 20$
	营业收入（Y）	万元	$Y \geq 30\,000$	$1\,000 \leq Y < 30\,000$	$100 \leq Y < 1\,000$	$Y < 100$
邮政业	从业人员（X）	人	$X \geq 1\,000$	$300 \leq X < 1\,000$	$20 \leq X < 300$	$X < 20$
	营业收入（Y）	万元	$Y \geq 30\,000$	$2\,000 \leq Y < 30\,000$	$100 \leq Y < 2\,000$	$Y < 100$
住宿业	从业人员（X）	人	$X \geq 300$	$100 \leq X < 300$	$10 \leq X < 100$	$X < 10$
	营业收入（Y）	万元	$Y \geq 10\,000$	$2\,000 \leq Y < 10\,000$	$100 \leq Y < 2\,000$	$Y < 100$
餐饮业	从业人员（X）	人	$X \geq 300$	$100 \leq X < 300$	$10 \leq X < 100$	$X < 10$
	营业收入（Y）	万元	$Y \geq 10\,000$	$2\,000 \leq Y < 10\,000$	$100 \leq Y < 2\,000$	$Y < 100$
信息传输业	从业人员（X）	人	$X \geq 2\,000$	$100 \leq X < 2\,000$	$10 \leq X < 100$	$X < 10$
	营业收入（Y）	万元	$Y \geq 100\,000$	$1\,000 \leq Y < 100\,000$	$100 \leq Y < 1\,000$	$Y < 100$
软件和信息技术传输业	从业人员（X）	人	$X \geq 300$	$100 \leq X < 300$	$10 \leq X < 100$	$X < 10$
	营业收入（Y）	万元	$Y \geq 10\,000$	$1\,000 \leq Y < 10\,000$	$50 \leq Y < 1\,000$	$Y < 50$
房地产开发经营	资产总额（Z）	万元	$Z \geq 10\,000$	$5\,000 \leq Z < 10\,000$	$2\,000 \leq Z < 5\,000$	$Z < 2\,000$
	营业收入（Y）	万元	$Y \geq 200\,000$	$1\,000 \leq Y < 200\,000$	$50 \leq Y < 1\,000$	$Y < 100$

行业	指标名称	计量单位	大型	中型	小型	微型
物业管理	从业人员（X）	人	$X \geqslant 1\,000$	$300 \leqslant X < 1\,000$	$100 \leqslant X < 300$	$X < 100$
	营业收入（Y）	万元	$Y \geqslant 5\,000$	$1\,000 \leqslant Y < 5\,000$	$500 \leqslant Y < 1\,000$	$Y < 100$
租赁和商务服务业	从业人员（X）	人	$X \geqslant 300$	$100 \leqslant X < 300$	$10 \leqslant X < 100$	$X < 10$
	资产总额（Z）	万元	$Z \geqslant 120\,000$	$8\,000 \leqslant Z < 120\,000$	$100 \leqslant Z < 8\,000$	$Z < 100$
其他未列明行业	从业人员（X）	人	$X \geqslant 300$	$100 \leqslant X < 300$	$10 \leqslant X < 100$	$X < 10$

根据表 3-1 的分类准则，属于大型、中型和小型企业必须同时达到列出的指标的最低限度，而微型企业只需要满足列出的一项。

依照《中小企业划型标准规定》以雇佣的员工数量、公司的营业收入以及公司的总资产来作为清晰的数字评价依据。将公司分为三种级别：中型、小型、微型。该规定对企业行业的考虑基本覆盖了《国民经济行业分类》（GB/T 4754）中所有行业。该规定对于中小企业的定义范围相较于大企业，从人员规模、资产规模与经营规模这几个方面都属于范围更小的经济单位。该规定对不同制造业有不同的划分标准。

在不同的国家，不同的行业因其不同的发展经济阶段都会有对企业规模不同的定义。随着我们经济的持续发展。就中小型企业这个有限的范围内，也看到了一个令人欣慰的转变，即中小型制造公司的智能制造能力也正在稳健地发展。在大力扶植中小企业的"专精特新"的政策推动下，截至 2024 年 1 月工业信息化部给出的数据是目前我国已累计培育专精特新"小巨人"企业 1.2 万家、专精特新中小企业 10.3 万家，此外还有创新型中小企业 21.5 万家。这些都为我国的税收、GDP 提供了重要支持，与此同时还贡献了超过 70%技术创新成果和 80%以上的劳动力就业。这不得不让人们重新审视中小制造企业对中国经济的重要性。

（二）中小外向企业的界定

中小外向企业是中小制造企业根据产品市场流向分出的一部分，占据了中小制造企业关键的位置。这类中小企业主要以出口贸易为主导，它们是中小企业与外贸公司的融合。目前，我国的中小外向企业主要包括两类：一类是提供进出口外贸服务的外贸流通公司，另一类是具备进出口经营权的生产型公司。近两年，中小外向企业面临技术人才和资金实力不足双重限制，大大阻碍了其进一步发展。资金实力不足，缺乏技术人才，从而导致 R&D 能力不足，核心专利技术的缺乏。近半数的公司因为资金短缺或成本增加等因素，影响了生产或者不接受订单，从而导致了贸易量的下降。公司的筹资难题主要源于其内部储备的缺乏、内部管理的混乱、创立阶段的信誉水平较低、银行对借款的限制、政府的管理能力不够强，以及市场的信誉保障体系的欠缺。

二、中小外向企业对经济发展的作用

自改革开放以来，中小外向企业已完成由零到有、由薄弱至强盛的一个持续增长进步的历程。市场经济的繁荣为这些企业提供了广阔发展空间。在我国，大多数城市的流动人员都会被中小型公司接收，这些中小外向企业不只在促进就业方面起到了至关重要的角色，同时对于我国的经济进步也起到了至关重要的推动作用。中小企业在产业结构的改善、国家经济的扩大、科技创新的提高、整体国家实力的增强等各个领域发挥着重要的作用。在新的经济环境中，我国的工业经济区域是提高经济质量、提高效率的关键领域。而在这个过程中，中小企业成为了推进供应链改革的关键因素，同时也是激发中国经济活力、促进经济增长的核心力量。

从全球发达经济体对中小企业的理解来看，各国政府都高度重视并大力支持这种企业形式的发展。在全球范围内，规模庞大且覆盖广泛的中小企业是推动各国经济健康增长、保持社会稳定和谐的关键基础，它们在推动技术创新、维护经济稳定、增加社会就业、促进国民经济发展、提升国家创新能力和竞争力方面都发挥着不可忽视的作用。

（一）中小外向企业是缓解就业压力的排头兵

在经济的双向循环过程中，拥有巨大市场份额的中小外向企业是推动经济活跃度和提升经济增长的关键因素。目前，我国的目前的就业宏观政策还无法彻底解决我国的就业难题，中小企业为社会提供了众多的工作岗位，因此，推动中小企业的成长是至关重要的。由于中小企业的资本构成较为简单，无论是在制造业还是服务业，它们大部分都是劳动密集型的。然而，劳动密集型行业的单位劳动所需的资金较少，技术设备的水平也较低，对员工的技术能力要求也不高，这就为劳动力的就业创造了更多的可能性。

（二）中小外向企业是提升地方经济的主心骨

从中小企业的分布情况中可以观察到，中小企业的主要集中在地、县级市，这些地区的主要经济来源就是中小企业。充分利用好中小企业的优势，有助于激发地方经济的活力，推动地方经济的进步。在不同的地区这些中小企业对当地经济的促进方式还有所不同。在东部沿海地区，中小外向企业集合而成的特色中小企业群，以产业集群的方式推动地方经济发展。而在中部、西部地区，在有些贫穷地区或农村，因为资源和市场的限制，大企业很难生存，中小企业成为地方经济的唯一来源，在减少贫困方面发挥了重要作用，有效地提高了当地的人均收入，缩小了地区和城乡之间的收入差距。因此，必须积极推动中部、西部地区中小企业的发展，以缩小地区发展的不平衡，实现东部、中部、西部三大地区的协同发展。

（三）中小外向企业是市场经济的主力军

随着我国不断向市场化转型，对外交流日益增多，市场的内部融合水平也有所上升。同时，中小外向企业在市场经济的运营过程中扮演的角色日益突出，它们不仅能够激活市场，增加就业机遇，还能够改善产业布局。由于众多的中小外向企业的涌现，形成了更充分的企业竞争，市场的竞争环境得到了极大的优化，使得市场的竞争更加公平。

诚然，疫情以来中小外向企业面临较大的经营压力，创新活力尚未完全恢复，但随着经营环境的持续优化，中小外向企业复苏进程不断加快，从长期来看，中国经济整体发展持续向好。2024 年，中小企业发展指数持续提升，正是表明此前面向中小企业的从纾困扶持到激发活力等一系列政策效能正在不断显现。中华人民共和国财政部于 2023 年发布了《关于加强财税支持政策落实促进中小企业高质量发展的通知》，强调了减税和提供金融资助这两条扶持中小企业的政策，推动中小企业高质量发展。2024 年的政府工作报告充分关注中小企业的经营问题，并提出要"满足中小微企业融资需求""促进中小企业专精特新发展"，以及"深入开展中小企业数字化赋能专项行动"。

中小企业复苏对于短期内中国经济稳步回升具有关键作用，小企业的繁荣稳定对于中长期国家的经济和就业稳定有着非常重要的意义。2024 年 1 月 10 日，中国中小企业协会发布最新的中国中小企业发展指数（SMEDI）数据如图 3-2 所示。从全年中小企业指数运行情况看，2023 年全年指数平均值为 89.2，指数累计上升 1.1 点，扭转了过去两年指数连续下降局面。

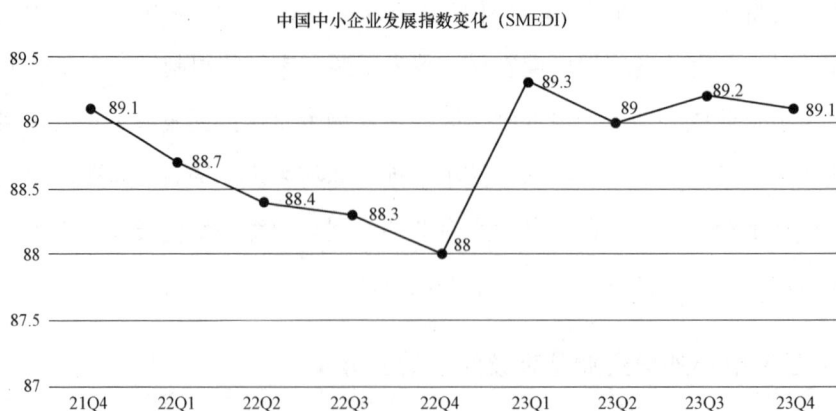

图 3-2　2021 年第 4 季度至 2023 年第 4 季度中小企业发展指数变化

三、创新所遭遇的问题

随着市场经济机构的构建与优化，我国的中小型公司已逐步转变为中国经济的核心力量。然而，仅有极少部分公司能够通过不断的创新实现持续发展，维持企业 5 年以上的生存。这种情况的出现，是由于中小外向企业所面临的以下种种挑战。

（一）企业管理存在的问题

1. 管理成本的不断上升已成负担

随着生产开销和管理开销的持续攀升，中小外向企业在新的经济环境下承受越来越大的压力。大部分中小企业选择借用他人的工厂进行自身的生产，然而近些年来由于土地资源的稀缺，使得土地的使用成本也呈现出剧烈的增长趋势；其次，在当今中国老龄化逐步严重的背景下，中国市场逐渐失去在劳动力上的人员优势，企业人力资源费用与以往相比有了大幅度的提升；再者，随着我国经济不断发展，相关产品的原材料价格、运输交通费用，以及内外销售方面的支出也在不断上升，这些都令中小外向企业生产、管理成本与以往相比有了较大的增长。

2. 中小企业普遍的家族式管理

家族企业不论在发展中国家还是资本主义世界都十分常见，在我国的中小企业中，家族企业占据了主导地位。过去几十年里，这些企业通过企业管理者的独特商业洞察力，准确把握各种市场机遇，迅速发展壮大。然而，他们往往缺乏科学的管理方式，对于企业内部管理和激励机制影响的理解仅停留在表面。大部分中小企业实行家族式的管理方式，由于它们的规范性不足，导致员工的随意性较高。管理方法的混乱、激励机制和财务机制的不健全都妨碍了中小外向企业的进一步发展。

（1）企业领导管理能力不足

在当前快速变化的商业环境下，我国绝大多数商品市场的中小外向企业由于管理能力较弱、缺乏具体的运营计划、无法有效掌握的长期目标、缺乏全面的应急措施等，使得他们的竞争力相对较弱。大部分中小外向企业在产品质量、成本、进度、技术等方面缺乏有效的管理，它们没有建立起规范化和系统化的管理架构，主要采用粗放和命令式的管理方式，这导致产品质量常常无法达到预期，同时它们的工作大多是短期的，缺乏长期规划的能力。有些企业无视企业实际情况，生搬硬套了一些管理制度及管理软件，反而阻碍了企业的经营。

（2）内部环境和内部监督

多数中小外向企业的董事长和总经理都为同一人，不需要分离经营权和所有权，并且出于成本考虑，它们只设立少量的管理机制，没有设立单独的审计机构，没有规范的人员聘用流程，也没有成立明确的员工奖励政策。企业内控不被重视，仅停留在表面，使企业的内部控制只是作为一个看起来高大上的装饰。在当今市场的需求与就业压力下诞生了许多中小外向企业，这也是绝大多数中小外向企业是劳动密集型企业的主要原因之一。员工的多数需求都无法被管理层知晓，而管理层与员工之间的沟通也基本只在传达任务，两者没有足够的沟通导致企业员工无法理解企业文化，对企业没有强烈的归属感，当他们有其他选择时，便不会再把企业利益放在第一位，这就导致企业内部沟通断裂，企业便无法实施有效的内控措施。

（二）缺乏高素质人才

1. 人员流动性高

员工是企业成长的关键，但多年以来，中小外向企业招聘和雇佣人才的困难一直阻碍其发展。雇人难其中一个主要原因是雇员的就业观念已经发生了重大变化，就业领域也逐步扩大，对公司的依赖程度大幅度降低。另一个原因是中小外向企业仍然存在一些不完善的雇佣制度，如福利体系不完善、晋升机制有缺陷，这导致了吸引优秀人才加入的难度增加，同时也导致了企业内部优秀人才的流失，频繁的跳槽事件已经成为常态。观念与制度两方面的短板使得中小企业的人才短缺问题始终未能得到有效的处理。此外，部分企业家对法律的认知不足，这使得劳资关系的紧张程度增加，引发了大量劳动纠纷，对公司的招聘和雇佣也造成了负面影响。

企业如果要长久发展，人员流失是企业需要重视的问题，目前多数企业都面临着熟练工、技术工短缺的境地。为了培养一名操作娴熟的员工，企业需要花费漫长的时间，在此期间内还要消耗巨额的费用，这种员工的缺失会直接导致企业产品质量不稳生产效率也会急速下降，一些技术性强的工作也无法被完成，技术性强的工作往往极易发生安全事故，如有事故发生，第一受影响的就是企业整体的声誉。低质量的产品和低效率的生产线都会使企业失去原有的顾客，减少企业的利润，所以人员缺失对于企业来说是必须重视的问题。

2. 缺乏创新型人才

许多中小外向企业从事以劳动要素为基础的行业，其产品的科技水平相对较低，同时，公司的员工整体素养及创新精神也相对较弱。由于资金紧张且管理团队对自我创新的认知程度较低，使得公司难以吸纳科技专家，同时也难以支持高成本的新科技开发，从而使得公司在内部缺少创新的驱动力。

（三）核心技术竞争力不足

科技革新不仅构成了一个国家的根基，同样也构成了公司长期得以生存的根基。阻碍我国的中小外向企业进步的第一大原因就是公司内部的关键科技能力不足。当前，尽管我国已经推行了许多政策来激励公司进行自主创新以提升其科技能力，但是，与美国、日本等发达国家相比，我国中小企业依然没有掌握到一定比例的核心科技，并且在基础材料的使用上还存在很大的差距。因为资本不充裕，一些初级的生产型公司不得不转向一些技术含量低的领域。这些公司的产品大部分都投放低端市场，这些市场上的生产者数量也会增加，导致产品的同质性更强，从而使得中小企业所在低端市场的竞争更加激烈，生存也愈加艰辛。

鉴于财务紧张，加之研究与开发的费用相当高昂，大部分的中小企业依然只是模仿别人或者只专注于已有产品的生产与销售。在公司的运营管理中，它们更关注的是产品的质量、价格、销售渠道及广告，而忽视了满足现代社会和消费者需求的新产品的市场开发，这导致公司的产品过时且缺乏竞争力。为了维持其技术优势，一些先进国家选择削减或停止其技术输出，美国甚至试图通过贸易战干预我国的技术创新升级产业政策，以阻碍我国科技的发展。这些因素使得技术获取的成本和难度大幅提高，如果中小企业想要提升自己的科技水平，增强自己的市场竞争力，就必须思考如何解决这些问题。

（四）缺乏资金、融资能力较差

小型和中型企业由于其自身发展的特性，其成长受到多种因素的限制，其中最严重的问题就是融资难。经济衰退的原因在于市场经济体系中出现了大量的过度垄断，这使得企业的活力下降，进一步导致市场的僵化。随着时间的推移，中小企业融资困难的问题越来越受到关注。初期的中小企业规模较小，资质不足，信用程度也相对较低且由于管理者缺乏专业的融资知识、融资资源和融资经验导致公司出现了资金短缺、融资途径狭窄、融资成本高昂、融资结构不合理、担保难度大、税收优惠不足、风险抵抗能力较弱等问题。由于中小企业的信用评价系统尚待优化，大多数银行并不愿意承担中小企业贷款后的风险，因此中小企业的融资条件和成本远超大企业，手续也更为烦琐，成功率却相对较低。

在当前的社会环境中，许多中小企业需要额外的担保才能从银行获得信贷以进行融资。然而，担保市场的质量难以得到保障，一些担保公司为了追求某些利益，可能会采取各种不合适的方式，这使得被担保的企业承受更大的压力。一直以来，银行对中小企业的信贷兴趣不大主要有两个因素：第一，银行通常能够轻松地利用大型企业和政府城市建设的息差获取利润；第二，目前中小企业的信贷风险控制成本较高。为了避免风险，银行对中小企业的热情不高，信贷下放的动力也不足。

（五）缺乏有效转型路径

许多中小企业最初创办的时候就没有高级技术支持，在企业的经营过程中由于经费的匮乏以及应用的零散，导致这些规模较小公司的设备陈旧、制造水平滞后，产品的迭代速度较慢，科技实力较弱，产品质量也相对较差。

公司的长久成功取决于创始人的洞察力与视野。若创始人只关注短期的收益，追求速度，那么公司的成长过程将无法避免地面临挑战。对于中小企业来说，它们需要根据当前的社会环境，紧随国家的发展趋势，并通过各种经济政策的优势，实现公司的改革与提升。在这个过程中可能会遭遇许多挑战，例如，公司与当前社会的发展不一致。伴随着社会的进步，产品的同质化问题日益突出。若公司未能进行产品和品牌的革新，仍坚持通过价格战来争夺市场份额，这将使得整个行业陷入一种负面的循环，既无助于产品的宣传，也无助于建立行业的声誉。另外，由于人民生活水平的提升，消费观念已经从"实用"转变为"体验"，因此，如果中小企业无法满足客户的"体验"需求，那么它们将无法在激烈的市场竞争中保持优势。

（六）企业间缺乏深入的协同合作

大多数中小企业的产品呈现出严重的同质性，但是它们之间的相互关系却极为松散。由于缺乏有效的职责划分和深度的协作，这使得产业集群的发展程度并不高。另外，有些公司在同一时期为了在激烈的竞争环境下生存和发展，不顾自身的利益，选择使用各种非法手段进行过度的竞争，甚至通过恶意竞争的方式破坏正常的市场秩序。

第四章　中小外向企业创新战略模式

一、中小外向企业的创新战略驱动分析

当前无论是技术、市场还是政策环境都处于不断的变化中，中小外向企业的正面临着转型的巨大挑战。这种挑战迫切需要中小企业在运营管理中做出相应的调整，持续创新以适应外部环境的变化。小型制造企业通常会受到政策、市场和技术三个因素的推动，以提升其内在的创新能力。在技术层面，他们应充分利用自身的灵活性来适应快速变化的市场需求，选择有利的市场来发挥自己的优势，避免直接与大公司竞争，并且要学会发挥优势，避免劣势，合理地利用国家对中小型制造企业的优惠政策来推动自身的企业发展。图 4-1 表述了中小制造企业的驱动创新模式。

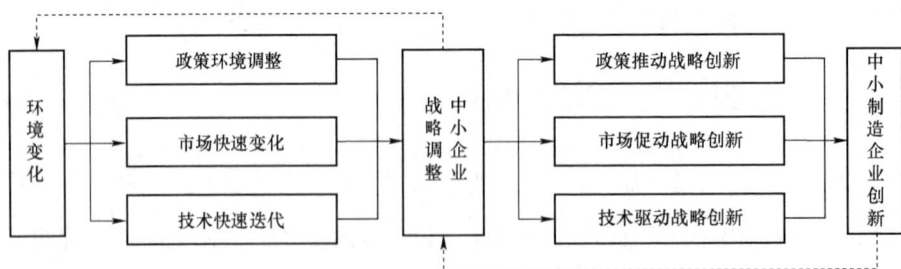

图 4-1　中小制造企业驱动创新模式

中小企业的策略革新，会受到技术、市场、政策等外部环境的影响，然

而，对于各种行业和类型的中小企业，它们所受到的三种环境力量的影响有
所不同。因此，根据这些影响因素的作用，本章将中小企业的策略革新划分
为三个类别：由技术驱动的革新、由市场推动的革新和由政策驱动的革新。
表 4-1 详细列出了三种策略创新的驱动要素和其应用范围。

表 4-1　三种创新的驱动要素和其应用比较

	动力	创新模式	适用领域	战略创新内容
技术驱动战略创新	技术冲击	激进式创新	技术快速变动产业；行业平均利润率较低的行业	技术创新为先导，辅之以组织创新、产品创新和市场创新
市场促动战略创新	需求变化	渐进式创新	小众消费领域；高平均利润率行业	市场创新为核心，产品创新是根本，需要辅之以技术创新和组织创新
政策推动战略创新	政策变化	渐进式创新	受严格规制行业；新技术或者商业模式涌现的行业	需要根据政府规制内容选择针对应的应对式创新策略

（一）技术驱动的战略创新

技术驱动的企业科技创新是利用科技的潜在能量推动公司策略的更新
与转变，它是一个由外部科技的引入到内部科技革新的过程，通过提高运行
效益，最终将科技整合到公司策略的革新之中。

1. 技术驱动企业战略创新的过程

在推动中小外向企业战略创新的过程中，首要任务就是提高技术能力。
技术能力涵盖了识别、挑选、追踪（或观察）、吸纳、应用、优化、创新等
各种技能，而技术能力的发展则是外部技术被公司发现、挑选、观察和接受
的过程，然后通过应用、优化和创新，使得外部技术向内部技术的转变。技
术推动创新的过程如图 4-2 所示，利用外部技术和内部技术的获取，中小企
业的技术实力得到了提高，这种技术能力的提高直接提高了公司的运营效
率。然而，这种效率的增长还无法确保技术对公司战略创新的推动作用。因
此，公司的运行效益将受到技术实力的影响，并在公司内部展现出一种模仿
的趋势。这种模仿的趋势将对非生产领域，特别是公司的高层领导者带来正

向的作用。技术已经由最初的生产和开发功能的整合，转向了公司内部的完整整合，同时，技术也正逐步由初期推动公司的运行效益的增长，向推动公司的策略创新方向发展。

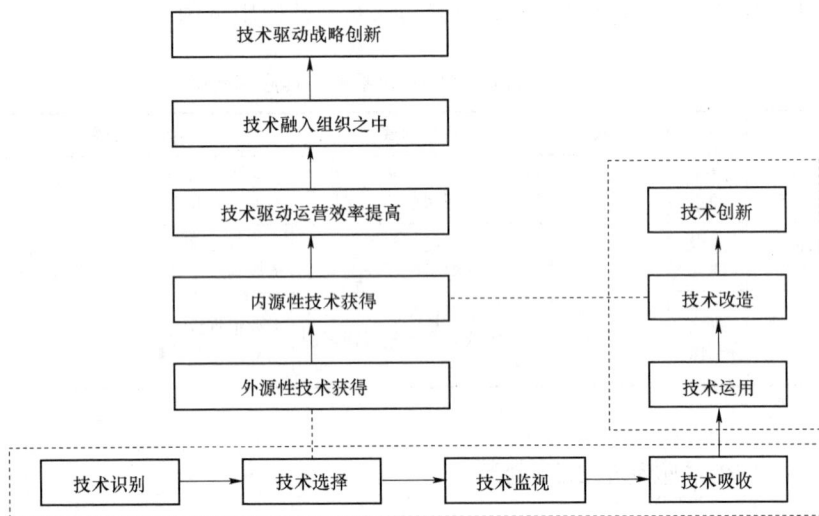

图 4-2 技术驱动创新的过程

2. 技术驱动中小企业战略创新的具体路径

由于中小企业本身的资源优势和实力有限，它们在整个生命周期内难以实现从引进到吸纳技术的转变。同时，它们也很难直接与大公司展开全面对抗。因此，这些公司需要根据自己的独特性来挑选最佳的策略和操作方法，从而推动公司的策略创新。

（1）技术的直接运用与迭代创新

针对仍处于"红海"困境的中小企业，最佳的科技革新方法应该是先引进先进的科技，并且在已有的科技基础之上持续更新和创新，借助科技的力量来改变行业的经营方式，从而赢得超过其他竞争者的优势和地位。然而，鉴于当前的中小企业正面临着激烈的红海竞赛，只靠技术优势只能算作初步的胜利，必须进一步推进产品、组织及市场的革新，研制出全新市场化定制商品，用更为灵活且高效的方式进行运营，同时，应该在这个红海市场里持续细化，去探索那些能够充分发掘自身企业的优点的潜力市场。终究，借助于各种不同的创新行为，产生全方位的创新效益，从而促进公司的策略性创新目标的达成。

（2）以新技术驱动自身的"二次创业"

大部分目前面临市场竞争挑战的中小企业，采取以科技为主导的策略革新，将会是它们达到"二次扩张"的关键步骤。伴随着移动互联网、大数据、云计算、智慧生产等科技的持续发展与广泛应用，这些科技将会使得中小企业所采纳的科技种类越来越多，并变得越来越方便。小型和中型企业有能力通过先进的网络购物平台来扩大他们的市场覆盖范围，也有能力借助分散的生产工具来减少他们的固定资金投入，还有能力通过资源集成平台来满足他们对于人才、财富、科技、信息等各个领域的需要。这些都给予了中小企业在当前环境下的二次创业带来了前所未有的机会与环境，也给予了他们运用科技推进公司策略变革的新途径。

（二）市场驱动的战略创新

随着经济的持续增长，市场需求的多元化和个性化的明显增强，使得中小企业所处的商业环境产生了重大转变。因此，中小企业有责任去适应这种外部市场的改变，并通过这种改变来推进其策略的创新。策略创新的驱动因素，就是公司在市场激烈的竞争环境里，通过寻找并利用创新的资源、研发新的产品及做出更明智的市场决策，应对来自产业链上游的资源供应商、现存和潜在的竞争者、替代品竞争企业及消费者的压力。

1. 市场促动战略创新的过程

相较于技术驱动的策略创新，市场驱动的策略创新更具挑战性，这主要归因于市场元素的复杂性，它对公司运营行为的影响力更大。市场驱动创新的过程如图4-3所示，市场通过供应和需求的全过程对企业产生作用。公司的现有竞争者、可能的参与者、替代品竞争者的策略也会对公司的生产运营造成明显的影响，而购买或消费者则是最关键的市场参与者，他们的需求直接决定了公司存续和扩张的可能性。

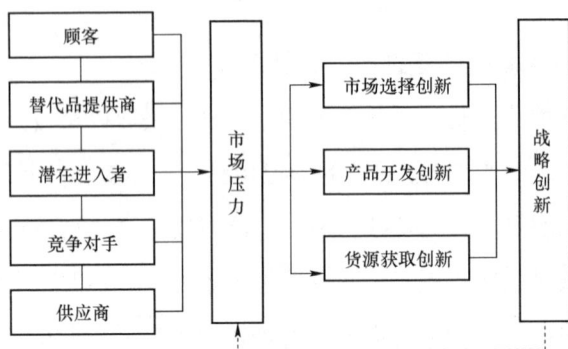

图 4-3　市场驱动创新的过程

2. 市场促动中小外向企业战略创新的具体路径

市场对所有规模类型企业的影响都是深远且复杂的，然而凭借中小外向企业灵活的特点，这个群体却常常能够快速且有效地进行适应性调整。它们能够通过对产品与服务的模块化改造，通过市场整合的大规模定制方式来促进公司在市场上的重塑，从而推进其策略的创新。

（1）重设产品和服务（模块化创新）

当前的市场需求呈现出独特、高价值、多样的特点，同时，由于互联网和现代交通运输行业的飞速发展，使得市场竞争愈演愈烈。因此，开发出更符合消费者需要并具备商业价值的产品，无疑会帮助中小外向企业在与竞争者、潜在竞争者及替代品生产竞争者的比赛中取得优势。所以，中小外向企业必须对其已有的商品与服务进行全面的优化，不仅是对其功能的优化与增强，还涵盖了使其在新的商机中获得更大的利润。这样，中小外向企业就可以完成由初级创新转变为革命性的创新的演变，从优化并增强商品的性质，扩大新的商机，逐渐转变为创新性商品，用一种革命性的商品来适应或者影响市场。

（2）重新定位目标市场（大规模定制）

近年来，因为疫情的影响以及经济环境的恶化，全球市场陷入萎靡不振的状态，这给中小外向企业的生存与进步带来了巨大的冲击。面临此类挑战，稳健增长的国内市场已然变成了中小外向企业再次寻找的目标市场。中国的广阔市场空间与积极的经济政策都是推动中小外向企业稳步成长的关键因素。企业也正在逐步调整目标市场的策略焦点，由单纯依靠海外市场转向同时关注本土与海外市场，即双循环的市场战略。面对本土市场，国内的中小制造企业应将致力于推动产品、服务及科技的多样化与分级，进而设立更符合本土市场需求的战略规划。

（三）政策推动的战略创新

伴随着新科技的快速涌现、市场需求的多样性和持续变化的经济态势，持续改革创新的政策环境显得至关重要。政策环境的改变，必然会导致企业战略的相应调整，也就是说通过政策来推进中小外向企业的战略创新政策驱动创新的过程如图4-4所示。中小外向企业在制定和执行公司的战略时，必须考虑到政策环境这个核心议题，因为这可能会给公司的成长带来正面或负面的效果。针对公司的战略，中小外向企业必须综合考虑宏观政策、产业政策和区域政策，通过修改其战略目标，以便于适应持续变动的政策环境，进一步提升其战略效果。

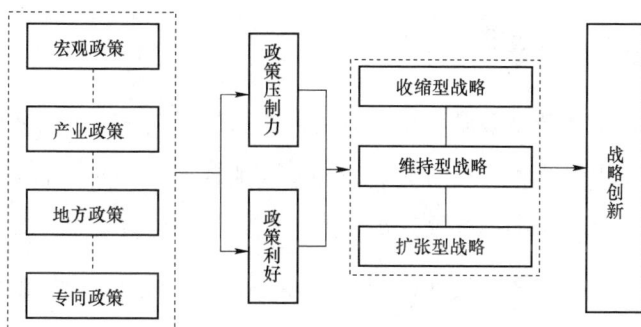

图 4-4　政策驱动创新的过程

由于政策的处于持续的更新状态，中小外向企业需要根据这些政策的变化来调整其战略目标，同时也需要在执行这些目标的过程中进行持续的改进。尽管政策通常总体保持一定的延续性，且一般情况下，它们不会出现反转式改变，然而，当涉及一些新兴业务领域时，政策周期性微调对中小企业的影响力也是非常巨大的。

另外，当处于一些关键的经济和社会转型阶段，比如说，当我国的经济步入新常态时，供给侧结构性改革成了新的政策导向，这导致了相关的行业、环境和金融政策的改动。因此，中小外向企业必须适应这些新的政策背景，才能在这些新的政策背景下顺利地发展。各种政策导向可能会对中小外向企业的进步带来各种影响，如果采取激励的政策，那么这些公司就会有一个发展契机，反之，如果采取压制或者约束的政策，那么这些公司就会面临一个全新的考验。针对那些位于激励或援助行业的中小外向企业，必须抓住这些政策带来的机会，以便在新的环境里迅速壮大。对于实际运营中的中小外向企业来说，这三种战略创新激励并非孤立地发生作用。它们需要做的是重新评估自身的行业特性，并及时预测可能出现的外部环境变化，以关键的环境因素为基础，根据不同环境的变化来调整各自的发展策略。

二、中小外向企业的创新战略分析

（一）技术引入战略

公司的技术革新来源既可以来自内部的研发活动，也可以来自外部的创新技术。技术引进是指公司直接从外部购买或获取创新的产品和工艺技术，然后把它们融入公司的创新活动中，而公司本身并未参与或者很少参与相关的基础技术研究。借助科技的推动，公司可以充分利用有限的创新资源，专注于构筑自身的关键竞争力，达到科技创新的分工，从而提高创新的效率。伴随着科技的快速更新和日趋复杂的市场情况，引进外部技术已经转变为中小外向企业的关键技术策略和保持竞争优势的方法。三种主要的技术引进方式分别是技术采购、技术合作及技术收购。对于中小外向企业，它们主要依赖于技术采购来实现技术的引进。这些公司会在市场上购买所需的技术，如专利、成果、设计蓝图，以此获取技术，进一步减少了新产品的研发周期。另一种方式是购买包含尖端科技的设备或部件，例如，电脑制造商可以从专门的芯片供应商或配件供应商那里获取更高效的处理器或存储卡，用于构建一台全新且性能更优秀的笔记本电脑。这种技术导入模式对于中小外向企业来可以减少创新周期，节约创新时间，并降低创新成本的主要模式。

（二）模仿创新战略

公司模仿创新也是一种技术创新方式，其核心在于受到领先公司的示范效应和利益驱动，紧随其后并模拟其创新路径。这种方式通常采用技术引入或者专利授权等合法途径，从中获得领先公司的最新科技，然后在吸收和理解的基础上进行优化和提升，从而增强公司的技术优势。在中小外向企业技术能力有限且实验设备较为陈旧的环境下，采用模仿创新的策略成为了拥有这种能力的公司的战略选择。这种形式的创新模仿并非只是简单地复制或者抄袭他人的技术，它还需要投入大量的研究和开发，以便对前辈的技术进行更深层次的挖掘。因此，模仿创新不只是模仿，更多的是参考前辈的技术，进行优化和提升。模仿创新不仅可以缩短研究和开发周期，还能有效减少研发成本，使得公司能更迅速地进入市场。此外，模仿创新还能推动产业集群的建立，加快产业升级，从而促进整个地区的经济增长。模仿创新是一种相对低风险的投资方式，因为它不需要投入大量的资金和人力物力去研发新技术。显然，公司在模仿创新、技术引进和自主创新中，它们更倾向于从海外或者本土市场中获得最新的科技，然后根据这些科技进行吸纳并尝试模仿优化。公司的模仿创新表现出了许多独特的属性。第一，它们的来源主要是从外部的。这一点在技术的选择方面尤为明显，模仿创新的公司往往需要借鉴那些领导者的创新成果。公司借助技术的吸收和采购，来获得领先的创新公司的最新科技；第二，它们的技术改良和优化，也就是所谓的"二次创新"，都建立在领先的创新公司的科研成就之上。这代表着，企业的技术定位受到模仿创新的一定限制。当公司掌握了外部的科技之后，它是否能够有效地吸纳并优化这些新的科技将影响到公司模仿创新的程度。

公司的模仿创新有三种类型：基础的复制、提升模仿和创新模仿。这些公司的模仿创新的属性各有其优点和缺点。从整体上看，公司的模仿创新的优点主要表现在以下几个方面。第一，它们的创新成本相对较低，因此能够产生技术效益。Mansfield 等通过实证分析，发现模仿的成本平均占创新成本的 65%，而模仿的时间则占创新时间的 70%。这种方法在风险管理上避免了技术探索和研发的风险，有助于企业减少技术创新的风险。第二，引入的技术具有高度的针对性，能够在短时间内提升自身的技术能力。另外，模仿创新具有创新性，通过改进和完善，可以有效提升产品的性能，进而提升市场竞争力。公司通过模仿创新，显著地具备了后发优势，这是一种"追赶型"的技术创新方式。通常，对于那些技术创新能力不足或者技术创新相对落后的公司，模仿创新是一个适宜的选择。换个视角来看，企业模仿创新的做法也有一些缺陷。第一，它们在技术革新的流程中处于被动的地位。在获取技术上依赖于领先的创新公司，却未能投身于技术的研究、开发和基础性的研究之中，这可能导致公司在模仿创新的过程中遭遇"挑战"，并且在市场拓展的阶段也只能成为"追随者"。第二，它们很可能引起企业自身认知的错位。公司的模仿创新通常会将其他公司的已有成就复制，这导致其无法清晰地认识自我的创新价值，同时也阻碍了其利用法律途径来维护其创新成就。这种情况并非只由于领头羊的公司对关键科技的垄断，还由于被模仿的公司在接下来的优化过程中，被领头羊公司的旧有科技定位所约束。这表明企业的创新方法只能应对基本及中级的科学技术，对于重要且先进的科学技术的把控时难度就大大提高了。

（三）企业协同创新战略

中小外向企业的协同创新策略是一种在技术革新的道路上，根据相互补充的原则，寻找和公司、学术组织、大学等各方的合作，一起探索和实施的技术革新方法。根据合作的深浅,公司的合作创新能够借助两种类型的组织:一种是产权性质的合作组织,如合资公司;另一种是非产权性质的合作组织,如策略性的技术联盟。公司协同创新也有着自身的显著优势,一是它尽可能的整合创新资源,因为协同的目标非常丰富,包括公司、科研组织、大学等各种机构的协同创新;二是其协同创新的范围非常广阔,在整个技术创新流程中都有所体现,甚至在一些关键的步骤,如引入、开发和使用技术;三是协同创新时合作的前提在于两者之间的相辅相成,这种相辅相成涵盖了对人才、财务、信息等资源的共享,甚至它还允许两者运用各自的长处来实现技术革新的划分与配合。因此,协同创新战略对那些自我研发能力有限或者缺乏创新资源的公司来说,其独有的属性使得它成为一种"团队型"科技革新模型。协同创新模式能够一起承担技术创新的费用及潜在的风险。在合作创新的流程里,所有参与者都具备降低交易费用的实力,并且能够充分整合资金、专业人士、信息等创新要素。借助于资源的共享与优势互补,构建出科技创新的"规模效应"。毫无疑问,公司可以借助协同创新在某种程度上转变其对技术革新的依赖,并有可能开展中高级别的科研创新。尽管如此,企业联合创新仍面临一些挑战,合作体系尚未完善,缺乏标准化的管理;有时候合作的内容过于单调,无法充分利用各成员的优点,导致最后合作的效果并不理想,无法实现预期的目标。总的来说,企业联合创新是一个新兴的发展方向,但目前还需要进一步优化其制度框架,以提升合作的效果。目前联合创新的模式主要有以下三种。

1. 横向协作型技术创新

由产业链相关性较强的一些中小企业组成的联盟,在政府的大规模调整下,科研机构加入到这个联盟中进行研究和开发,实施横向的技术合作,以提升中小企业的总体实力。

2. 纵向协作型技术创新

众多的中小外向企业作为大型公司的零部件供应商,积极地与大型公司进行技术协作，以达到共享生存和互补的目标。一方面，他们需要尽量减少与大型公司的竞争；另一方面，他们也需要借助大型公司来寻求生存和发展。同样，由于社会协作和专业化分工的需求，大型公司也需要中小企业的存在。

3. 产学研联合开发创新

借助于多元化的资源链条和财务链条，中小外向企业与高校、科研机构共同推动新型产品及技术的研发。校企合作的创新中心也与此类企业共同推动技术革新，从而提升他们的市场竞争优势。当中小外向企业挑选出最佳的技术革新方案时，需要关注其的实施性、可操作性及被接纳的程度，以此来降低风险，提高成功的概率。

（四）渐进式创新战略

渐进式创新是对商品或流程实施轻度调整或逐步升级。这种轻度调整既适用于公司采用的新技术，也适用于公司现存的技术。基于熊彼特在技术革新理论中的"组合"观念，科技革新被划分为关键革命和优化革命。优化型的创新来自对现存知识的逐步更新，虽然这种逐步更新未必能够产生技术的显著提升，然而持续的更新最后肯定会形成显著的科技转型。这种类型的创新主要体现在工艺方面。逐步改善的方法起源于实际操作，依赖于员工的一边学习一边执行。例如，在制造环节的一些细节改革主要是通过从实际操作和使用中获取的一些初级的技术革新。对于产品的创新也可类似这种小幅度的技术改进，公司会依照产品初期的销售状态和顾客的反馈，改善或微调产品的特点，从而提高顾客的满足感，这种创新方法就被归为逐步改善的方法。

不管是对技术的提升还是对产品的革新，其根本在于企业的操作与学习经历。这些不仅不是通过企业事前的研发项目来有序推进的，反倒是企业的即时、动态的创新改进；员工所展开的自我驱动的逐步性的改革与革新的核心体现便是合理的建议体系。在苏格兰威廉–丹尼兄弟造船厂，首次尝试了合理化建议，这是一种鼓励员工改进生产流程或设备以降低成本的方式。这也是企业全员创新的最初尝试。随着日本制造业的快速发展，日本在 20 世纪七八十年代开始了改善活动。在这个制度下，每个员工，特别是生产线上的一线员工都有权利提出自己的建议，以提升效率。一旦这些建议被采纳，员工就会受到鼓舞。日本的生产技术始终保持着卓越水平，这离不开日本公司在全球范围内普及的时间管理建议体系。同样，中国的公司，如海尔集团和宝钢集团，也已经采用了这种管理体系，并且获得了显著的财务收益。合理性建议的显著特点就是从个人角度推进逐步性的创新，这类型的创新方法与以公司为主导的标准性的创新方法存在显著差异，它更加自主且灵活，并且在一定程度上表现得更加高效。针对中小外向企业实施逐步性的优化和创新，员工的合理性建议，对公司的创新起着关键的作用。

总的来说，引入技术、模拟创新、协同创新及逐步优化的创新策略对于中小外向企业来说是非常适宜的，它们在提升中小外向企业的经营表现方面起着关键的作用。

第五章 模块化创新对技术升级作用机制

根据之前的讨论，中小外向企业的创新必须考虑到其自身的特性，直面创新的难题，充分发掘企业的创新元素，如技术、市场、战略，并从中小外向企业的实际需求和具体状况出发，寻找适合中小企业的创新方式。全球经济一体化和社会分工的细致化催生了一种新的协同创新模式，即以模块化生产为基础，旨在解决复杂系统产品的生产和服务问题。模块化创新是以创新的思维去融入并整合当前的知识与技术。这种融入并非仅是技术元素单元、子系统的简单累积，而是一种有序的结构，可以利用创新的手段，把知识与技术元素高效地结合，从而展示出更强大、更全面的技术优势。这种资源的分化整合意味着把现存的科技和商品的属性进行拆解和提炼，组合成构造更灵活、功能更全面的新产品。这种方法对于工艺的革新极为有效，中小外向企业通过对大公司的烦琐制造过程进行拆解和整理，根据自己的需要制定出更具弹性的制造过程。这种基于模仿创新和协同创新的创新方式极大地降低了企业的技术创新的开销，通过知识分工、技术集成和要素整合的三种途径提升了创新的效率。

一、知识分工机制

（一）模块化知识分布机制

模块化的制造过程本质上是一个极为复杂的系统理论，然而，当这个系统理论的任务逐渐细化，每个模块的开发小组无须了解其他模块的构建和制造技术，便能够自主地进行该模块的创新性行为。这可能使得各种模块化机构的研究和学习领域变得更小，使得学习的程度有所增强，从而提高机构的学习效果及其在专业知识方面的经验储备，并且能够加快机构的专业性人才储备的速度，同样，它还推动着新的科技和知识的持续出现。阿林·杨格强调，不断积聚的专业知识及人才资源促使全体社区的生产技术迅猛增长，同时，科技的提升、职责划分以及专业化都在相互作用，职责划分的深浅以及专业化程度的高低将直接影响到专门知识的增长及人们获取这些科学知识的实力，这就构建了一种自然的科技进步以及经济增长。在当前的经济环境中，这类新兴科技和知识的拓宽带有明显的商业化属性，具体来说，随着新科技的增加，基础研究也将相应提升，导致社区内大批的新知识源源不断地产生，并且通过各类社交媒介迅速地推广开来，因此，对于未来的科学研究来说，获取知识的花费将明显减少。在其他因素保持稳定的情况下，一样的人力资源投入会因产出效益的上升而带来更多的收益。此外，如果一个模块的供应商能够集中精力在一个专业领域进行专门的制造，那么就能够实现优秀的"学习效果"，也就是说，通过"学习曲线"，企业能够显著减少模块的制造费用，并极大地提升其制造效益。

（二）模块化知识共享机制

在整个模块化生产网络中，主导模块起着绝对的主导作用。其在知识存量上具有极大的优势，在设计整个系统规则时有绝对的选择权，通常会控制系统中知识分享的程度，以保护其内部知识的特有性和专用性，以维护自身的主导地位，确保自身利益的不可侵犯性，避免知识社会化带来的风险；同时这种行为也在一定程度上确保了各个成员模块内部知识的专有性和专用性，维护了整个系统的平衡。而其他成员模块作为系统的组成部分，通常较为被动，为了融入整个模块系统以获取相应的收益，会选择接受并遵循主导模块设计的规则，承接相应的生产任务，在整个系统的规则之下，利用自身的内部知识开展相应的生产活动。但为了维护自身在系统中的成员地位，其在系统内部允许一定程度的知识共享，但对外部系统会建立一定的知识壁垒，确保自身内部知识的价值，防止被其他企业在知识方面赶超，从而替代自身在系统中的位置。

需要注意的是，无论主导模块对知识共享采用什么样的策略态度，模块化内部都将必然存在一定程度的知识共享，可以将其简单地分为两类：一类为知识在内部成员之间的简单传递，例如，系统内部 B 模块的某些内部知识对 A 模块的生产有益，通过交流合作使 A 模块可以吸收利用 B 模块中其所需的某些知识；另一类为新知识的产生，例如，A 模块与 B 模块通过合作，增加沟通，促进二者内部知识的双向流动，从而使本来特有的隐性知识得以融合，产生新的更具价值的知识以供 A、B 模块共同使用。这两类知识共享在一定程度上不仅可以增进各个模块之间的信任感，也会增强各成员模块之间、成员模块与主导模块之间的合作意识。模块化生产的整个过程将紧密围绕着知识分工、知识共享及知识创新展开，其模块化程度的提高不仅表征着该产品知识分工程度的加深，也将促进各个企业之间的合作与竞争，促使企业通过不断开放知识，与相应的企业实现更大程度的知识共享，从而更有效地促进知识在社会上的流动，丰富模块化时代下企业之间独立或协同的创新活动，从而降低知识创新的风险，提高知识创新的效率，促进技术创新与经济增长。

二、技术集成机制

（一）模块化集成创新

在分工模块的环境中，产品已经不再是设计与制造的核心，其转变为模块成为公司设计、制造与竞争的焦点，因此，模块技术的整合也就自然地替代了产品的创新，成为了创新的重点。狭义的模块创新是指构建系统并在产品使用过程中起到实际效果的功能模块的创新，它的核心仍然是技术创新，旨在增加模块的附加价值，优化系统的总体性能，这正好符合创新类型中的渐进式创新。模块创新在广义上也涵盖了模块化整合创新，也就是在系统层次上进行的结构性改革。这种改革是通过对模块化架构进行重塑，以实现优化和增强系统性能，同时减少设计与制造费用的目标，这与渐进式创新的结构创新相符。毫无疑问，模块化的构造创新总是伴随着模块的操作，并且经常因为整体框架的调整需要对某些模块进行单独的内部创新，以便适应模块之间连接方式的转变。模块化技术的集成创新则是指在模块化的生产网络中，各个成员利用他们的关键优势，在资源和能力的互补性上进行协同创新。在模块化的产业结构里，主要存在两种创新实体：一种是领航员，也就是模块化创新网络的规则设计者；另一种是模块供应商，他们负责特定功能模块的设计和制造，这其中包含了普通模块供应商和专门的模块供应商。这些负责规则设计的领航员负责引导和管理模块化价值网络的创新过程，他们会将新的知识融合到一起，制定出系统设计的规则，完成技术的模块化，并且会将模块化产品的分工阶段划分出来，同时他们还具备选择哪一个模块的权利。为了选择最出色、最适宜的部分来进行系统整合。在整合型科技的创新过程里，领航员并非只有一个，他们既可以是设定行业规范的优秀公司，也可以是负责整合最后产品的模块制造商，甚至可以是为初创公司开拓筹款途径的富有经验的风险投资人。观察系统与模块两个方向，最初，系统方向的革新代表了系统架构的再次确立及系统准则的再次设计，这无疑会改变各个模块在整个系统里的角色，同时也会调整各个模块的联系。鉴于两个模块在系统内的关联性是唯一的，所以，技术整合的创新并非仅局限于协作开发，而应该在资源与能力相互补足的情况下，最大化各个模块的主要优点，并且最大化地运用其他模块的关键元素，以便在思考各个模块的独有关联性的前提下实现协同创新。领航员在推动系统革新中起到关键作用，他们必须将各个组件的内在知识及它们之间的信息进行融汇与结合，以实现系统革新所需的知识储备，因此，必须思考协作革新如何影响系统革新。

（二）技术集成的效益提升机制

在模块化的生产环境里，规则设计者、系统整合者和模块制作者这三种典型的公司之间建立起一个从内部到周边的三维网格联系。每个参与者在这个网格里的角色都是独特的，并且带有强烈的阶层特征。在大部分场景里，只有少数的规则制定者位居全体网络的中心，并且受到若干个系统集成者的环绕，这就是模块化制造网络的关键部分；而在这些系统集成者的周边，还有大批的特殊模块提供者，以及大量的普遍模块提供者。也就是说，根据由规则设计者所构建的一致性规则，各个系统集成商都有能力创造出满足这些规则的产品。系统集成在模块化制造过程中发挥着至关重要的信息传递功能，能够有效地提高系统整合过程中的信息传递、库存管理、物流运输等环节的沟通效率。这样做不仅显著降低了网络参与者的交易频次，还提升了交易的效益，从而使得交易的费用得以下降。从另一个角度来看，各种品牌的制造商和系统集成商有能力共享供应基地。互联网的流畅度主要依赖于公司之间的互动，以及将可编码的物料和工艺参数传输出去。由于交钥匙供应商采取普遍的设备，因此对于特定的交易投入有着严格的控制，这也增强了模块供应商以及主要制造商的替代能力，极大地降低了他们的转化费用，从而有效地降低了互联网参与者的交易成本。在网络环境下，由于交易成本的减少和交易效率的提升，企业的生产能力与其规模的关联性逐步减弱，这降低了网络的接入门槛，新的参与者的威胁也在逐渐增大，从而使得生产相同功能模块的供应商之间的技术竞争更为激烈。技术竞赛的压力可以促进这个领域的技术创新，这对于提高制造业的技术实力是有益的。

总的来说，模块化的分配方式能够推动知识的扩展，并且能够增强员工的劳动力储备，这也在推动着分配方式的发展，从而将原先相辅相成的分配方式转变为各自独立的单元模块。公司结构的转变建立在分配方式的自主性之上，导致现代大规模公司在行业中的横向拆分，同时也吸引了许多新的公司的加入，公司的数目持续增多，分配方式也逐渐加强，从而推动整个制造行业的发展。

三、要素整合机制

（一）要素重配和整合效应

模块化设计与生产依赖于模块化系统内的相互连接，使模块化系统内的各个主体相互联结，彼此利益相关，形成一种具有自演化能力的模块化分工网络。模块化分工网络包含了土地、资本、劳动力、知识、技术、制度等各种生产要素，模块化系统中的各个模块成为生产要素的载体，模块之间的整合本质上就是生产要素的整合，其整合过程通过契约关系来实现。要素整合便是指在一定的规则指引下，通过对生产要素进行有效的配置与调整，最终实现降低交易费用、提高经济效益、提升生产效率的经营目标。要素整合通常涉及多个企业主体，而这些企业也可能处于不同的产业链，虽然企业之间存在复杂的竞合关系，但是在一定的契约关系约束之下能够实现协同发展。这种契约关系遵循一定的市场组织原则，使各个模块内部的知识形成信息包裹，具有一定的知识产权保护作用，在一定程度上确保各个主体的经济效益不受侵害。同时这种契约关系作为企业之间缔结的正式协议，对成员企业具有严格的约束作用，以确保整个模块系统的正常运行。在参与要素整合的成员企业中，极少数领航员企业是模块化系统的规则制定者，其担任模块化系统规则制定的角色，与各个功能模块供应商建立契约关系并负责最终产品的集成。领航员在整个模块化系统中的作用举足轻重，它的能力高低直接关系到整个系统的协调性和高效性。需要注意的是，要素整合并不是简单地进行要素加总，而是各种生产要素在市场机制的作用下通过合理的分配、调整和重组，从而实现更高层次的有机融合。此外，生产要素整合并不是一劳永逸的，通常需要根据系统内外部环境变化对承载相应生产要素的模块进行再整合，以维持模块化产品系统的持久生命力。

（二）要素整合对生产柔性的促进机制

要素整合过程打破了企业之间及产业之间的边界，使生产要素可以在市场机制的作用下进行更有效的流通，实现了资源更大范围的优化配置。首先，企业通过要素整合使企业的生产更加具有柔性，在降低交易费用与生产成本的同时提高了企业的收益。其次，合理的要素整合必然会提高要素配置效率，而要素配置效率的提高也会在一定程度上提高全要素生产率，并为推进传统产业转型升级奠定基础。最后，要素整合在强调协作的同时仍给予了各个参与主体一定的自主权，充分发挥决策权分散的积极作用，在一定程度上能够促进各个模块内部的创新，保持模块化产品较高的创新频率，从而快速推动相关产业的创新进程，为推进创新驱动发展战略提供源源不断的动力。

要素整合过程复杂多变，应该予以重视。为了确保要素整合顺利开展，在要素整合过程中需要遵循客观规律。首先，要遵循柔性原则。要保持良好的产业适应性，及时依据成员企业及所在产业的实际情况，因地制宜地实行适合产业发展的整合措施，并不断地根据市场反应进行动态调整以降低市场风险。其次，要遵循统筹兼顾的原则。由于要素整合涉及的主体较多，需要完善的契约与规则作为制度保障，明确各个主体的权利与责任，确保系统内的各个主体都能实现共赢。再次，要素整合过程对系统的规则制定企业提出了较高的要求，领航企业应积极培育要素整合能力并拓宽产业视野，在契约的约束下，强化监督与管理、协调各主体之间的利益纠纷，确保系统的有效运行。最后，要素整合需要构建有效的要素平台，推进要素分配、重组、整合的进程，从而降低相应的交易费用，为要素整合提供良好的前提条件。

四、模块化创新机制的实证分析

本章对模块化创新机制的实证研究是基于对模块化产品创新的理论、当前研究状况，以及其发展路径的深入分析。通过提出问题、进行理论分析，并提出具体的假设和概念模型，然后通过数据收集和分析等方法，来验证研究假设的有效性。总的来说，从知识分工、技术集成和要素整合的各个方面综合分析模块化产品创新（包括模块创新和架构创新），通过大规模的数据层次回归分析，进行实证研究和分析，对于理解企业模块化产品创新技术的实施过程具有极其重要的价值。

（一）研究假设

1. 知识分工效应分析

知识分工不仅是一种与知识创造和知识传递密切相关的过程，还是与组织持续创新、绩效提高及竞争能力提升等紧密联系的系列活动的组合。模块化产品创新的实现需要依靠知识的分布和重组在技术创新过程中的辅助作用。对于模块供应商而言，知识重组能力能够帮助其在自身技术发展路径上，通过动态性的实现关联技术内化与融合，充分实现技术协同效应，并促进其在全球价值链中的地位提升。模块化创新的公司是否能够有效地运用已有的技术知识，并在此基础上增强知识的搜索，进一步整合和运用外部的知识，并把外部知识融入现有的产品技术框架中，对于产品模块的创新和架构的创新来说，同样至关重要。所以，当公司试图把知识资源转变为自我创新的能力时，知识的分工和重构发挥了至关重要的角色。但是，目前的研究对于知识的分工和重构在模块化产品创新技术实施过程中的调控作用，并未给予充分的关注。基于利希滕塔勒的研究，本章将深入探讨知识分工如何通过探索式学习和共享式学习实现模块创新和架构。

探索式学习能够在产品创新的各个部分，如模块与结构方面，显示出它的调控功能。通过探究型学习，能够增强模块制造者的专业知识，这有助于从深层次增强公司的知识储备，进一步为模块创新或结构创新的有效推进奠定稳固的基础。通过吸纳和融合内外部技术，探索式学习使得公司能够掌握更多的模块技术和核心架构知识，这为公司在需要新知识进行模块分解和设计时提供了更为丰富的知识基础和更为灵活的创新环境。持续深化的探索式学习还能为公司的技术开发提供更多的知识结构，这种组织知识创新也能推动模块知识和技术的变革。最后，探索式学习从根本上改进了企业所获取的知识属性，使得企业的知识范围更广、层次更高，从而有利于改变企业的产业边界，进入更高的价值链层次。另外，通过探索性学习所获得的外部信息可能源于价值链、供应链甚至是产业链的各个环节。这些信息的吸纳和积累有助于公司更轻松地将外部信息融入现有的知识体系，推动公司知识体系的彻底重塑。根据现行的实证研究，探索性学习对于企业模块化创新的影响可能体现在模块和架构两个方面。据此可假定：K1 为知识分工通过探索性学习推动模块设计；K2 为知识分工通过探索性学习推动模块架构。

借助知识共享、模块设计和开发将有的知识运用到新的科技领域，或者将它们融入全新的知识架构里，从而实现基于已有知识的模块化创新以及产品的开发，以满足更高级别的科技需求。在整合制造商的科技创新流程里，通过知识的共享式学习，公司可以逐步扩大其既有的知识与技巧，推动其既有的知识体系与科技体系的效率得到进一步优化，从而给予科技整合创新更精确且迅捷的帮助。现有知识的方法不只应用在产品功能和模块技术方面，也可以在市场和客户方面得到体现。当企业在模块化网络中意识到新的市场机遇，或者面临来自供应商、集成商和客户的新需求时，知识的共享式学习能力就能协助企业进行对已有知识的创新性运用，从而快速适应市场的变动。

相较于探究型学习，知识共享式学习更广泛地被公司应用到模块化组织架构中。据已经获得的知识，模块设计的主导者在模块创新活动中，无论从研发费用、速度还是效益角度看，都拥有显著的优越性。尤其针对那些目前尚未拥有关键的模块技术和结构创新能力的模块制造商，知识的共享和应用可以充分挖掘现有的技术整合能力，实现模块的成本、价格、质量等方面的功能性提高，从而完善产品的模块设计，实现产品功能的提升。据此假设：K3 为知识分工通过知识共享推动模块架构。

2. 技术集成效应分析

产品模块化的创新主要体现在其内部技术的革新，以及各个模块之间的关联规则的调整，这一过程往往取决于公司对内外部知识的学习、吸纳、转换、应用和融合的步骤，或者是公司的技术创新实力的高低。研究结果揭示，企业的技术整合能力与模块创新和架构创新的实施途径有着紧密的联系。因为模块化利于多领域、独立性模块技术间的标准化整合，这种集成创新相对于高投入、高知识积累、高风险且路径依赖的原创性创新活动而言，通过融合原创性技术或主导技术提升了创新效率并大大缩短了企业新产品开发的周期，对后发企业短时间内迅速提升创新水平具有重要的意义。模块化技术的整合创新过程依赖于公司的全面技术集成能力，这种能力对技术创新的效果有着极大的影响。张米尔等研究表明，技术的整合集成有助于公司更有效地运用外部的技术资源，积极进行技术创新，从而提高技术实力并增强创新表现。而在行业实践中，国内光伏企业在硅片、电池片等外围模块的系统集成基础上实现了高效电池组领域的突变式技术创新。比亚迪、奇瑞等企业通过动力电池技术与汽车技术的集成也实现了动力电池这一新能源汽车关键模块的突变式技术创新。此外，部分电脑硬盘生产商在稳定的技术平台上，通过不间断地集成硬盘读取速度、准确性等改良技术，实现了硬盘模块的增量式技术创新。这些企业实践表明企业技术集成能力已然成为推动企业模块化产品创新的原动力。

技术集成能力是一种嵌入在企业组织规则中的能力，它根据市场需求建立产品架构，识别并挑选适宜的外部技术资源，对现有技术基础进行整合和应用，以适应不断变化的动态环境，满足企业技术系统的需求。通常，技术整合能力包括产品建设、技术选择、技术吸收和技术重构四个方面。在此，通过运用技术和知识构建技术系统的层次结构，产品构建能力能够获取市场信息，从而形成可开发的产品初步形态。利用对外部科技的精确跟踪，对内在科技的价值进行评价，并考虑不同的替代科技的费用和利润，挑选出与自身特性完美结合的科技，这样就可以协助模块制造商突破旧的思维定式。利用知识的探索学习和共享式学习，激发公司的技术吸纳能力，以此达到对外界知识的接纳、转换，以及对新知识领域的探索，从而为产品组件的创新及结构的革新提供了知识的保障。同时，技术的集成也有助于公司把新的科技要素融入其自有的科技体系框架，以此达到科技的再利用，并使得产品更加具有市场竞争力。作为一种持续创新的能力，技术集成能力通过企业内外资源和技术的配合，达到了企业技术创新整合的目标。此外，基于产品模块技术和知识的集成创新能有效增加竞争对手模仿本企业创新的难度，确保企业创新收益的获取。模块供应商能够通过模块再整合或者技术再集成的方式进行模块创新，以适应技术发展的情况、市场需求的变化，并应对衰退技术被淘汰和再集成的风险。借助技术整合的能力进行技术整合与重组，从而推动新的科技框架的革新，这样可以用成本最小化的方式进行产品创新，并且更有效吸纳市场资源的同时，也可以增强公司的价值和竞争优势。所以，这一部分可提出以下假设：T1 为技术集成能力可推动模块创新；T2 为技术集成能力可推动模块架构。

3. 要素整合效应分析

在创新环境下，企业必须利用优质资源要素，形成协调效应，促进资源战略组合。企业对要素的运用包括对关键要素的识别、获取和配置。当企业面临市场环境变化时，更要通过要素的调配和整合建立柔性战略。整合和配置要素的核心在于构筑对已有要素资源的"全新组织模式"，同时对于配置和整合要素还包括吸纳新的要素资源来优化已有的要素资源。所以，这种要素整合和配置包含两个层次。第一个层次涉及对内部和外部要素的融合。比方说，当公司正在研究新的商品或者扩展其业务范围时，一般都会设立一个特定的职能部门，同时也需要提供必要的支持，甚至可能会引入外部人才、经济、科技等资源。组织对内外部要素的整合程度、效益及成效，都反映出其对资源整合的控制能力。且优化要素配置，提高资源使用效益。企业的生产过程需要大量的人力、物料、资金等要素投入，如果这些要素资源没有得到合理的分配和管理，就可能导致浪费资源的现象发生。第二个层次涉及要素资源的再配置。通过要素资源的流转和复制，可以实现资源结构的优化和资源价值的最大化。要素资源的流转主要涉及人力资源、财务资源和物质资源的流转，目标是优化资源结构。而一个组织的要素资源整合和再分配的能力，除了依赖于高级的信息系统等硬件设备外，也受到其管理观念、运作模式及人才战略的影响。

由此可提出以下假设：F1 为要素整合可推动模块创新；F2 为要素整合可推动模块架构。

综上所述，本研究的假设分成三部分：第一，中小企业的模块创新与知识分工显著正相关；第二，中小企业的模块创新与技术集成显著正相关；第三，中小企业模块创新与要素整合显著正相关。因此，模块化产品的创新实施过程的理论框架如表 5-1 展示。

表 5-1　模块化创新机制理论假设汇总

指标代码	指标内容
K1	知识分工通过探索性学习推动模块设计
K2	知识分工通过探索性学习推动模块架构
K3	知识分工通过知识共享推动模块架构。
T1	技术集成能力可推动模块创新
T2	技术集成能力可推动模块架构
F1	要素整合可推动模块创新
F2	要素整合可推动模块架构

（二）研究方法

1. 样本与数据搜集

鉴于模块化创新及其架构的影响因素，所能评估的公开信息非常稀少，所以本书选择了以企业为研究对象的问卷调研来收集大规模数据。针对建立在文献调查之上的起始调查表做出了预期的检验（见附录1），目的是确保调查表的准确性。在问卷的预测阶段，特地邀请了各个领域的权威来调整问卷的数据。此问卷主要面向制造业公司，调查对象是制造业的中高级管理者和生产车间的管理者。在这次的调研中，共派发了300份问卷，并成功收回180份。剔除了数据不完整和不符合模块化生产的问卷23份，共得到157份有效问卷，有效回收率为52.33%。

样本企业的选择严格参照现有模块化行业的认定标准，具体行业分布及占比如下：家用视听设备制造业（行业代码：4071、4072）65家（41.6%）、计算机软件设备服务业（行业代码：6211）24家（15.2%）、集成电路制造业（行业代码：4053）10家（6.3%）、化工设备制造业（行业代码：3621）27家（17.2%）、发电装备制造业（行业代码：3911）5家（3.1%）、汽车制造业（行业代码：3721）26家（16.5%）。这些行业的样本企业规模、占比分别为：员工人数超过1 000人的企业52家，占比为33.1%；员工人数在500至1 000人之间的企业38家，占比为24.2%；员工人数在200至500人之间的企业57家，占比为36.0%；员工人数在200人以下的企业10家，占比为6.3%。在问卷中，受试者的职位、数量和比例如下：企业总经理20人（占10.5%）；运营经理49人（占25.8%）；研发主管63人（占33.2%）；技术部门主管42人（占22.1%）；其他管理人员16人（占8.4%）。详细的样本描述性统计信息请见表5-2～表5-4。

表5-2　样本企业所在行业分类统计

行业	样本数量	比例/%	累计比例/%
家用视听设备制造业	65	41.6	41.6
基础软件服务业	24	15.2	56.8
集成电路制造业	10	6.3	63.1
化工设备制造业	27	17.2	80.3

续表

行业	样本数量	比例/%	累计比例/%
发电设备制造业	5	3.1	83.4
汽车整车制造业	26	16.5	100
总计	157	100	—

表 5-3   样本企业员工人数统计

员工人数/人	样本数量	比例/%	累计比例/%
<50	3	1.9	1.9
50~99	2	1.2	3.1
100~199	5	3.1	6.2
200~499	57	36.0	42.2
500~999	38	24.2	64.4
1 000~2 000	52	33.1	100
总计	157	100	—

表 5-4   样本企业受访对象职务统计

职位	样本数量	比例/%	累计比例/%
企业总经理	20	12.7	12.7
运营经理	39	24.8	37.5
研发主管	63	40.1	77.6
技术部门主管	19	12.1	89.1
其他管理人员	16	10.1	100
总计	157	100	—

2. 变量测量

在问卷中，使用 Likert 5 级量表来衡量变量的答案（1 代表极度反对；5 代表极度赞同）。大部分量表是参考了现有研究中的成熟量表，并根据研究环境对部分量表进行了适当调整。英文文献量表则通过翻译和回译来保证答案的清晰和准确。本章的主要研究对象涵盖了模块创新、架构创新（因变量）、技术集成能力（自变量）、知识分工（自变量）、要素整合（自变量）和控制变量。

（1）因变量

本章重点通过数据分析来研究模块化产品创新即模块创新和架构创新的实现路径。现有研究中对产品模块创新和架构的实证性研究相当稀缺，尤其是在理解和评估架构创新的含义和方面存在明显的不足。冯增田与郝斌已经对模块创新和架构创新的各项指标进行了评估，然而这个评估量表只是从产品创新和技术创新的全局视角来看待，并未明确区分出模块与架构的差异。本项研究旨在对各种级别的模块化产品创新，也就是模块创新和架构创新的技术实施方式进行实证考察。然而，仅从产品创新和技术创新的全局视角来看，无法准确地总结和划分出模块创新和架构创新的独特性。所以，这项研究将亨德森、克拉克及马格努森等关于模块创新与结构创新的特性的阐释融入其中，并参考了李宏贵、熊胜绪及游博、龙勇的相关研究，从四个角度，即增强模块的内在设计、优化其功能、提高其与模块的匹配程度，以及改善其关键技术开展研究。同时，也参考了张刚、许干及朱瑞博等的相关研究。以五个关键因素，即模块之间的连接原理、结构的搭建形式、系统的操作性能、系统的一致性和满足用户的需要，来描绘出框架的结构要素。

（2）自变量

自伊斯坦蒂首次提出技术集成这个概念以来，学者们已经从各种角度对其进行了分类。从公司的范围来看，他们把技术集成能力分为内部技术整合能力和外部技术整合能力。从研究开发的方式来看，他们把它分为引入模仿能力、吸纳能力、创新能力；从技术整合的流程来看，把它分为产品构建能力、技术监控能力、技术整合能力等。与传统的研究开发方法不同，技术整合其实是一个过程，涉及公司在新产品的开发阶段，对多种技术方案进行评价和挑选，以便解决产品开发过程中遇到的问题。这个过程重视新技术、产品设计、生产流程和用户需求的协调配合。本书借鉴了郭亮等的技术整合能力的分类，从产品设计、技术挑选、技术吸纳和技术重塑四个角度描绘了技术集成能力。

（3）控制变量

公司的规模以及行业的特性。为了减少其他元素对研究模型的影响，把公司的规模及行业的特性作为影响因素。在调查问卷中，使用员工数量来表示公司的规模，并将其划分为 5 个等级（＜50 人；50～199 人；200～999 人；1 000～1 999 人；2 000 人或以上）。在这项研究中，把行业特性作为一个虚拟变量。根据先前的研究，模块化行业被广泛接受并且符合高新技术产业的统计分类规则，除了汽车制造业、发电设备制造业和化工设备制造业之外的其他行业都被归入高新技术行业。在高科技领域，将其标记为 1，而在其他领域，将其标记为 0。

3. 因子分析与信效度分析

（1）因子分析

起源于心理学的因子分析技术，已经在社会科学、医学、气象学等多个领域得到广泛应用。它的核心目标是对数据进行压缩，研究其基础结构，并在假设变量之间存在内在联系的情况下，揭示数据间的联系。这种分析方法有两种类型：探索性和验证性。利用统计软件对数据进行分析，前者试图揭示事物的根本属性，而后者则是评估因素结构和数据信息的匹配性。

其中信度分析旨在测试结果的一致性和稳定性。对样本数据的信度进行评估，主要目的是检验问卷调查的准确性，也就是评估其获取的结果的内在一致性水平，这个内在一致性的评估方法在使用问卷法来收集数据时非常重要。在 AMOS 相关的结构方程模型里，一个核心的计量指数便是其内部一致性。由于该模型的测量部分主要依赖于确认性因子分析，因此，研究人员需要对一般被视为潜变量的因子制定若干个能够进行测量的显变量，也就是用来作为研究的测试项,而这些测试项的内部一致性则被视为需要进一步评估的指标。

本研究中使用 KMO 的 a 值来评估量表的准确性,对同一维度下所有问题的一致性和量表的总体一致性进行测试。KMO 值越靠近 1,其可靠性就越强。通常,如果这个系数超过 0.7,那么它就代表着高可靠性;如果在 0.35~0.7 之间,那么它被视为内部一致性较差;如果低于 0.35,那么它的可靠性就相对较低。KMO 值也能被用作调查问卷的校正,当去掉特定的变量后,a 值若有所增加,那么就说明去除这个变量是恰当的。

在开始因子分析之前,需要对观察数据进行因子分析的适应性评估。利用 SPSS 统计分析软件,计算变量和相关问题的 Barlett 球形检验值、KMO 值及显著性水平,并将计算结果作为因子分析适应性评估的标准。表 5-5 展示了主要变量 KMO 值和 Barlett 球型检验的结果。如表 5-5 所示,观测变量的 KMO 值均超过 0.7,Barlett 球型检验的卡方值也较高,P 值低于 0.001(拒绝零假设),因此,这些数据具有可以进一步研究的良好信度和效度。

表 5-5　主要变量指标体系的 KMO 值和 Barlett 球体检验结果

变量	测度题项	KMO 值	Bartlett's 值	P
模块创新（MI）	模块内部结构精简和修正（MI1）	0.764	192.312	0.000
	模块功能得到了优化（MI12）			
	模块之间的匹配度提升（MI3）			
	模块核心技术发生了改进（MI4）			
架构创新（AI）	功能模块间联系规则发生改变（AI1）	0.731	427.135	0.000
	功能模块间组合方式发生改变（A12）			
	产品系统运行效率得到提升（AI3）			
	功能模块与产品系统匹配度提升（A14）			
	新的架构满足了客户需求（AI5）			
技术集成能力（TI）	企业产品构建能力强（TI1）	0.785	201.574	0.000
	企业技术选择能力强（TI2）			
	企业技术吸收能力强（TI3）			
	企业技术重构能力强（TI4）			

续表

变量	测度题项	KMO 值	Bartlett's 值	P
知识分工 （KD）	模块完全独立运转（KD 1）	0.732	232.743	0.000
	模块的加工过程相对独立（KD 2）			
	匹配间界面清晰、稳定（KD 3）			
	企业传递和共享全新的产品技术（KD4）			
要素整合 （FI）	与相关企业的要素使用相似度（FI1）	0.741	337.152	0.000
	本企业模块与其他模块技术关联（FI2）			
	本企业模块与其他模块功能关联（FI3）			

采用主成分分析法来确定变量因子，然后决定其数量。一般来说，根据特征值的标准来挑选变量因子（如果特征值超过 1，那么就可以确定其为因子；而如果特征值低于 1，那么主成分就会被排除在外）。当因子的累积解释方差比超过 50%时，就可以将其视为重要的解释变量。这表示所选择的因子对变量有着良好的解释性。在后续过程里，采用了正交旋转的最大方差策略，根据测量项目和因子的相关性（即因子负载），把负载超过 0.6 的测量项目看作是一个共享公因子，而负载低于 0.6 的测量项目予以剔除，从而确定了最后的因子数量。表 5-6 展示了主要研究变量的因子提取成果。而表 5-7 则总结了量表指标的描述性统计以及因子负载。

表 5-6 主要变量的因子提取结果

观测变量	原有项数	删除项数	公因子个数	特征值	解释变异量/%	累计解释变异量/%
MI1-MI4	4	0	1	2.321	57.032	57.032
AII-AI5	5	0	1	2.892	58 426	58 426
TI1-TI4	4	0	1	2.432	60.587	60.587
KD1-KD4	4	0	1	2.204	55.954	55.954
FI1-FI3	3	0	1	2.213	54.281	54.281

表 5-7　主要变量的描述性统计以及因子负载

变量	测度题项	均值	标准差	因子负载
模块创新 （MI）	模块内部结构精简和修正（MI1）	4.587	1.643	0.783
	模块功能得到了优化（MI12）	4.452	1.569	0.794
	模块之间的匹配度提升（MI3）	5.532	1.097	0.712
	模块核心技术发生了改进（MI4）	4.986	1.467	0.797
架构创新 （AI）	功能模块间联系规则发生改进（AI1）	5.405	1.543	0.768
	功能模块间组合方式发生改变（A12）	5.435	1.506	0.806
	产品系统运行效率得到提升（AI3）	5.652	1.327	0.785
	功能模块与产品系统匹配度提升（A14）	5.737	1.287	0.743
	新的架构满足了客户需求（AI5）	5.634	1.233	0.783
技术集成能 力（TI）	企业产品构建能力强（TI1）	5.436	1.437	0.662
	企业技术选择能力强（TI2）	5.737	1.565	0.701
	企业技术吸收能力强（TI3）	5.072	1.135	0.738
	企业技术重构能力强（TI4）	4.876	1.237	0.782
知识分工 （KD）	模块完全独立运转（KD 1）	5.014	1.112	0.668
	模块的加工过程相对独立（KD 2）	4.452	1.569	0.794
	匹配间界面清晰、稳定（KD 3）	5.572	1.032	0.712
	企业传递和共享全新的产品技术（KD4）	5.322	1.137	0.697
要素整合 （FI）	与相关企业的要素使用相似度（FI1）	4.523	1.279	0.743
	本企业模块与其他模块技术关联（FI2）	5.021	1.487	0.733
	本企业模块与其他模块功能关联（FI3）	5.324	1.217	0.651

　　通过验证性因子分析，可以评估因子模型和观测数据的拟合度。利用 AMOS 软件对每个潜在变量的测量模型进行参数评估，从而得到表 5-8 中展示的结论，所有变量的 χ^2 / df 值都低于 3，GFI 和 CFI 值都高于 0.9，RMSEA 值低于 0.08，而且所有的回归系数都高于 0.6（其中大部分高于 0.7），且在 0.001 的标准下，它们都通过了显著性的测试，所有的变量都呈现出良好的拟合度，并且其因子结构也是合理的。

表 5-8　研究变量的验证性因子分析结果

变量	题项	回归系数	标准差	C.R.	标准回归系数	组合信度	AVE	x^2/df	GFI	CFI	RMSEA
模块创新	MI1	1.000			0.738	0.846	0.581	2.245	0.932	0.965	0.053
	MI2	1.156	0.150	7.631	0.853						
	MI3	0.946	0.081	11.679	0.750						
	MI4	0.897	0.103	8.921	0.698						
架构创新	AI1	1.000			0.854	0.898	0.640	2.464	0.942	0.918	0.048
	AI2	1.083	0.077	14.032	0.929						
	AI3	0.972	0.069	13.913	0.761						
	AI4	1.063	0.064	16.609	0.712						
	AI5	0.925	0.082	11.280	0.733						
技术集成能力	TI1	1.000			0.748	0.810	0.517	2.632	0.978	0.912	0
	TI2	1.064	0.146	7.279	0.703						
	TI3	0.909	0.126	7.241	0.697						
	TI4	1.136	0.153	7.400	0.726						
知识分工	KD1	1.000			0.669	0.804	0.506	1.729	0.963	0.996	0
	KD2	1.179	0.190	6.218	0.731						
	KD3	1.095	0.166	6.588	0.724						
	KD4	0.938	0.170	5.533	0.719						
要素整合	FI1	1.000			0.655	0.812	0.521	1.306	0.928	0.998	0
	FI2	0.925	0.177	5.230	0.688						
	FI3	1.159	0.193	5.997	0.787						

注：C.R.为回归系数与标准误的比值；VE 为平均变量抽取；$\dfrac{x^2}{df}$ 为相对卡方；GFI 是拟合优度指数；CFI 是比较拟合指数；RMSEA 是近似误差均方根。

（2）信度和效度分析

　　根据因子分析的结论，可以从信度和效度两个角度对其进行评估。信度主要是通过对 CITC 和 Cronbach's α系数的检查得出。如表 5-9 所示，所有的问题的整体相关性（CITC）都超过了 0.3，每个变量的 Cronbach's α系数都超过了 0.7，且剔除特定问题之后的 Cronbach's α系数都低于整个变量的 Cronbach's α系数。证实了所有变量及它们相关的评估问题的内在一致性很强，信度较高。

表 5-9　信度检验结果

变量	题项	CITC	删除该项后 Cronbach's α系数	Cronbach's α系数
模块创新	MI1	0.484	0.704	0.832
	MI2	0.637	0.628	
	MI3	0.467	0.754	
	MI4	0.523	0.638	
架构创新	AI1	0.573	0.729	0.816
	A12	0.685	0.743	
	A13	0.542	0.790	
	A14	0.638	0.806	
	A15	0.627	0.814	
技术集成能力	TI1	0.721	0.748	0.778
	TI2	0.588	0.756	
	TI3	0.602	0.735	
	TI4	0.615	0.767	
知识分工	KD1	0.528	0.701	0.705
	KD2	0.510	0.693	
	KD3	0.696	0.634	
	KD4	0.723	0.543	
要素整合	FI1	0.726	0.722	0.761
	FI2	0.608	0.668	
	FI3	0.489	0.693	

　　评估效率是衡量评估体系实用程度的常见方式，通常可以划分为三个部分：① 所有变量和相关指标都是从全球知名的学术资源中获取的，并且对每个指标都进行了准确的翻译和本地化调整，以确保它们的内容评估效率；② 表 5-10 的相关系数表显示，对角线上变量 AVE 值的平方根超出了对应变

量行、列的相关系数，说明主要变量拥有良好的评估值；③ 本章的验证性因子分析的成果显示，变量的指标因素负担超过 0.6，同时，变量 AVE 的值也超过 0.5。由于组合的可靠性超过 0.7，所以我们能够确认变量的收敛性。

表 5-10 提供了各变量均值、标准差及相关系数等统计结果。其中技术集成能力与模块创新（$r=0.528$，$P<0.01$）及架构创新（$r=0.549$，$P<0.01$）皆显著正相关。共享式学习与模块创新（$r=0.324$，$P<0.01$）显著正相关，与架构创新相关性未通过。探索式学习与模块创新（$r=0.432$，$P<0.01$）及架构创新（$r=0.245$，$P<0.01$）显著正相关。要素整合能力与模块创新（$r=0.118$，$P<0.01$）及架构创新（$r=0.297$，$P<0.01$）显著正相关。这些结果为主要假设的检验提供了初步证据。

表 5-10　变量描述性统计与相关系数

变量	均值	标准差	企业规模	行业特征	模块创新	架构创新	技术集成能力	共享式学习	探索式学习	模块可降解性
企业规模	5.372	1.283	1							
行业特征	0.684	1.65	0.076	1						
模块创新	4.679	1.128	0.087	−0.012	0.738					
架构创新	5.534	1.065	0.048	−0.076	0.121**	0.765				
技术集成能力	5.796	0.945	0.117	−0.041	0.528**	0.549**	0.734			
共享式学习	5.724	0.947	0.147	−0.046	0.324**	0.178	0.126*	0.709		
探索式学习	5.532	0.948	0.107	0.006	0.432**	0.245**	0.288	0.173	0.732	
要素整合能力	5.163	1.182	0.072	0.012	0.118**	0.297**	0.174	0.126	0.083	0.803

注：$N=190$；＊表示 $P<0.05$；＊＊表示 $P<0.01$；＊＊＊表示 $P<0.001$，对角线上粗数值为对应变量 AVE 值的平方根。

4. 多元回归结果

利用 SPSS 软件的多元线性回归特性来验证主要的研究假设。通过对自变量和调节变量进行均值中心化处理，可以避免在引入交互项之后出现的多重共线性问题。采用 Harman 单因子检测法来对问卷的所有测度指标进行因子分析，结果显示，这些因子分析的结果占总方差的 71.236%，并且第一主成分的载荷量占 17.005%。由于没有达到大多数，所以单一因素并没有出现，而且第一个因素也无法解释协方差的关键部分，这些发现都证实了没有严重的共享方法误差。

表 5-11 揭示了层次回归的成果，是由模块创新作为因变量的模型 1 至模型 4 和以架构创新作为因变量的模型 5 至模型 8 所构成。模型 1 主要研究控制变量如何影响模块创新，而模型 2 则引入自变量技术集成能力，模型 3 则引入了调节变量要素整合能力，以及要素整合能力与技术集成能力的交互项，而模型 4 和则逐渐引入了要素整合和知识分工以及相关的交互项。从模型 5 到模型 8 的变量添加顺序与模型 1 到模型 4 一致。从表 5-11 可以看出，随着变量的持续添加，模型的调整 R2 呈现出显著的上升趋势，这说明模型的解释能力在逐渐增强。例如，从模型 4 和模型 8 来看，公司的规模和行业特性对两个级别的产品创新的影响并不明显。技术集成能力和模块创新、架构创新的回归系数分别达到 0.212 和 0.183（$P<0.001$），这证实了两者之间存在着显著的正相关性，并且 T1 和 T2 的假设也得到了证实。根据相关的研究，企业在设计和制造新产品时，必须对各个领域的知识和技术进行整合和创新。技术整合的能力越强，企业就能利用技术的关联性，将其核心技术应用到更广阔的领域，这样就可以更有效地提高模块的性能，并优化产品的结构。技术融合的能力不只是调整产品部分的功能配置和技术参数，还能够将多个领域的知识融合在一起，从而提升产品的功能性，推动产品模块的创新。此外，它还有助于将核心技术和架构知识融为一体，从而推动产品架构的创新。

表 5-11　层级回归结果

变量	模块创新				架构创新			
	模型 1	模型 2	模型 3	模型 4	模型 5	模型 6	模型 7	模型 8
企业规模	0.052	0.065	0.048	0.038	0.024	0.015	0.021	0.013
行业类型	0.087	0.096	0.073	0.062	0.045	0.049	0.038	0.049
技术集成能力		0.151***	0.132***	0.212***		0.325***	0.310***	0.183***
要素整合			0.032**	0.206***			0.036*	0.070*
知识分工				0.038**				0.008** 0.031**
要素整合 x 技术集成能力			0.125***	0.195***			0.096*	0.063***
知识分工 x 技术集成能力				0.044***				0.161***
R2	0.000	0.987***	0.869***	0.831***	0.000	0.898***	0.977***	0.809***

注：（1）＊表示 $P<0.05$；＊＊表示 $P<0.01$；＊＊＊表示 $P<0.001$。（2）表中系数为非标准化系数。

　　研究结果表明，模型 4 和模型 8 都证实了知识分工对于技术整合能力的交互项回归系数分别达到 0.044（$P<0.001$）和 0.1611（$P<0.001$）。这些结果进一步证明了知识分工对于模块创新以及架构创新的产生过程中起到了明显的积极影响。通过分析知识分工和技术整合的相关性说明知识分工在调整模块创新方面具有显著的积极影响。模块供应商的积极学习行为加强了他们自身的知识储备，扩大了公司的知识库，因此为模块创新或架构创新的顺利进行奠定了坚实的基础。从另一个角度来看，探索式学习对企业的产品研发能力和投入的需求更高。随着模块专用性的增强，相关企业对探索性知识的依赖程度也会逐步提升。在现有知识和技术架构的基础上进行的共享式学习，能够显著地推动模块的优化和提升，但对产品架构的影响却相对较小。

　　由于模块的要素整合与技术整合能力的相关性，其相关的回归系数分别达到 0.195（$P<0.001$）和 0.063（$P<0.001$），这表明，模块的要素整合在调整技术整合能力、产品模块的创新以及结构的创新方面具有积极的影响。要素整合随着模块的可再生性增强，以技术整合为基础的模块革新的进行变得更加流畅。此外，模块制造者在辨认和使用模块的可拆卸知识，尤其是产品

结构的知识上也变得更为便捷。因此，以要素整合为依托的产品模块革命和结构革命的实施变得更为轻松。

5. 实证结果分析

对模块化产品创新的主要驱动因子进行探讨时，发现技术的整合性和模块创新、结构创新之间呈现明确的正向联系。一方面，通过将各类技术进行交错结合和零散的技术重新组织，实现了模块的功能增强、模块的边缘扩展和集成模块内的技术革新。这样的技术的综合创新模式不同于初级的技术创新，它展示出创新的高效、低成本、低危害性等优点。此外，整合的模块技术增强了整合模块在与整合模块供应商的"选择权利益"，借助技术的累积作用，增加了其他竞争者进行创新模拟的"技术难度"，从而赋予了他们在获取创新价值上的优势。所以，通过整合模块技术，能够增加模块供应商的盈利能力，稳定其在市场上的份额，获得竞争优势，同时也是企业价值链增长的一种高效手段。另一方面，实现架构创新的关键在于技术集成的基础（也就是企业的技术集成能力）。企业的技术集成能力作为一种特殊的动态能力，通过产品设计、技术选择、技术吸收和技术重塑四大功能的运用，系统地整合了新技术市场信息、新知识、需求的动态变化等元素，进而形成新的技术架构，从而实现架构创新，通过新产品或降低产品成本等方式提升企业的创新和绩效。

关于知识分工的效果研究：① 探究性学习在技术整合能力对产品部件创新以及结构创新的影响途径上都展现出明显的积极推动；② 共享式学习对部件创新的推动力十足，然而，其对结构创新的推动力却相当有限。两种组织的学习策略，作为公司适应环境不断变化的核心元素，在公司的模块化产品创新流程中起到了积极的推进效果。相较于共享型学习，探究型学习在调整结构创新方面的影响力更为突出。一方面，通过探究性的学习，公司能够有效地扩充其知识库，拓宽其知识的认知与理解的宽度与深度，让公司能够将各种技术知识进行更全面的融合，进而为公司的技术融合创新奠定了知识基础创造了更具弹性的创新氛围。需要建立稳固的基础来推动模块化产品的创新。同在这个时代，探索型学习彻底优化了公司的知识特征，扩大了公司的知识领域，提升了其层次，这有助于公司的行业边界的转变，并进入到更高级别的价值链。同时，共享型学习可以通过有效运用现有的知识，充分挖掘出现有知识的潜力，并将现有的知识在新的科技领域中运用或融合为新的知识架构，这样就可以在现有的知识基础上进行技术研发和模块化创新，以满足更高级别的技术需求。在整合制造商的科技创新流程里，通过共享型学习，可以不停地扩充公司的知识与技巧，推动公司的知识储备与科技基础的表现日益优秀，从而给科技整合创新带来更精确且迅捷的帮助。由已掌握的知识驱动的模块创新，使得模块供应商在开发的费用、时间和效益方面拥有显著的优越性，这样就可以充分利用其已有的技术整合能力，完善产品的模块设计，实现产品的功能提升。然而探究型学习对现有知识的利用和技术改进主要集中于模块层面，对于模块间的联系规则和架构知识的影响相对较小。由于存在模块间的"两类联系规则"，模块供应商的创新行为受到了这些规则的制约，无法从根本上改善现有的有限知识基础，因此没有足够的动力去改变现有的技术路径，无法满足产品架构调整对技术能力和知识储备的需求。

对于要素整合的影响因素的研究：无论是在公司的技术整合能力还是两种产品的创新之间，都有着强烈的积极影响。这意味着，当地的模块提供者提供的模块的要素交叉性越强，他们就能更轻松地利用技术整合的手段进行模块创新及结构改革，从而提升了其创新的价值。如果本地公司负责的模块具有较强的要素整合率，那么集成公司的策略管理能力就会减弱，同时，本地的模块提供者的生产过程也会偏离按照设计图纸进行处理、进行代工生产等"不能失去控制"的制作方法。在此背景下，集成公司利用周边信息来吸取和利用外部模块的创新，反向的价值获取、价值分配，以及对模块化创新的外部技术限制和封闭的行为都会减少，而且，外部模块的创新自主权会增强，创新方法也会变得更加开放。所以，那些启动了模块化和结构化改革的公司有可能产生更大的创新成果，从而增强其创新表现。

第六章　模块化创新绩效实证分析

一、模块化创新对企业竞争力实证分析

（一）研究假设

1. 模块化创新对竞争优势的影响

作为一种创新的生产模式，产品模块化为公司的发展提供了许多便利。通过采用产品模块化的生产方法，在设计新产品时，可以快速搜索和组合现有的零部件单元，从而制造出预设的产品。这种方法具有成本低、质量高且生产周期短的优点。曹虹剑提出模块化、网络化和虚拟化的产业组织已经形成并展现出了强大的环境适应能力和市场竞争优势。韩庆兰通过构建模块化实际成本控制模型，发现产品模块化设计可以有效地管理企业的生产成本，从而增强企业的灵活性，进一步降低成本，扩大利润空间。陈彪认为新兴企业通过学习和模仿成熟企业的产品和运营方式，能够有效减少研发成本，实现低成本。游博的研究表明，产品模块化可以简化产品设计过程，加快产品开发速度，实现模块并行和组合创新，从而提升企业的新产品表现。同时，产品模块化还能引导制造流程的更新和改造，构建灵活的生产系统。企业的差异化优势可以通过影响制造的敏捷性来间接得到。因此，可以做出如下假

设：MI1——模块化创新可提高竞争优势。

总的来说，产品模块化有助于满足公司对于模块化的管理、合作和技术革新、个性化的要求，并推动产品的持续升级。通过使用已经过时的产品模块，不仅可以减少公司的内部资源，还能提高公司的市场竞争力。

2. 模块化创新对生产柔性的影响

产品的模块化设计有利于公司迅速适应市场需求。这种设计方法利用模块化的组件来提升产品的制造效率，从而更有效地向消费者推出独特的产品。Sanchez 指出，通过创建信息架构，可以推动组织架构的轻松整合，从而增强公司适应环境变动的弹性。Jacobs 等的实验数据揭示，产品、制作流程的模块化与其生产效率有着强烈的正向联系。Worren 等认为，产品的模块化及流程结构对于公司的灵活性起着决定性作用。睢素杰则强调，通过对各个元素进行规范的组合，可以提高公司的制作灵活度，从而让公司能更迅速地适应市场的变动。程贤福的研究表明，将模块设计与绿色设计相融合，不仅能够兼顾产品的功能特征与环保特征，还有助于降低其对环境的不良效应，使得产品的再利用、提升、保养、拆解、再利用及废弃物的处置更为便捷。据此可假设：MI2——模块化创新对生产柔性具有显著的正向影响。

产品的模块化构成了生产柔性的基石。模块化设计在现有设备的基础上实现了个性化生产，满足了消费者的多元化需求，提高了企业新产品开发的灵活性。模块化生产在模块化设计的基础上，实现了大规模生产，使得企业的生产系统更具弹性。

3. 生产柔性对竞争优势的影响

伴随着世界各地的激烈竞争、消费者的期望与科技的飞速发展，生产公司正遭遇越发复杂且多元的考验，而生产柔性也逐步转变为公司领导层所关心的核心问题。在这个充满变数的环境中，公司的竞争优势并非只是依赖于其专业的习惯与优点，而是更多地依赖于公司适应市场波动的实力，也就是公司拥有的灵活度。Zhang 在当前环境中指出，生产柔性可以赋予公司生产各类产品的实力，从而增强产品的生产效率，更有效地满足消费者的多元化需求，并进一步增强公司的竞争优势。此外，生产柔性还可以加快公司对市场需求的反应速度，从而提高公司的产品表现。陈太博等提出，生产柔性能够显著提升公司的业绩；程发新则根据动态能力理论建立了一个研究模型，用以探讨生产柔性与公司业绩之间的关系。他们发现，生产柔性能力有助于企业有效地整合内外部资源，从而推动其竞争力的更新和增强。肖艳红指出，企业的柔性能力可以显著提升产品的灵活性，增强客户优势，并提高产品创新能力。孟凡生指出，制造企业的柔性能力有助于推动智能化的发展，促进技术创新，快速满足市场需求，使其在竞争中更具优势。据此可假设：MI3——生产柔性对竞争优势具有显著的正向影响。

总的来说，公司的生产会对其产品的生产费用、创新进程以及满足市场需求的时长产生影响。提升制造灵活性能帮助公司适应市场需求的转变，同时也能使公司迅速取得市场份额并保持领先地位。

4. 生产柔性在产品模块化与竞争优势之间的中介作用

模块化的产品不只是模块的拆分，也涵盖了产品的探索和开发、各个环节的协同配合和产品的生产过程，所有这些模块都能够增强制造过程的灵活度。Mark 等通过结构方程模型来评估制造灵活度对模块化产品和公司增长表现的影响，并进行了部分和全面的评估。Y.Yin 等认为，产品的模块化不仅是灵活制作的基础，同时也会对公司的发展表现带来影响。郭奕阳等探讨了生产柔性对产品模块化和技术创新的影响，并发现其具有中介作用。通过对产品价值链的拆解和重塑，可以提高公司生产系统对环境的适应能力，从而更有效地满足市场需求，生产出各种不同的产品，并迅速占据产品市场的主导地位。张煜通过对制造公司的研究，探讨了模块化和公司表现之间的中介作用。产品的模块化引领着生产过程的改良和创新，推动公司形成制造的灵活性。在选择产品的模块化时，公司的经营者需要考虑到模块设计和生产策略的协调。据此可假设：MI4——生产柔性在产品模块化对竞争优势影响过程中存在显著的中介效应。

总的来说，产品的模块化构成了制作灵活的根本，这种设计方式加快了公司的新产品研发，并且，在实现规模经济的情况下，这种生产方式也增强了生产效益，从而进一步增强公司的市场竞争力。产品的模块化水平的高低可以决定公司的市场优势，并且，这种影响也会通过改变公司的制作灵活性来改变其市场优势。

（二）问卷设计与数据收集

对于产品模块化、生产柔性和竞争优势这些难以量化的因素，首要任务是将其转化为可衡量的标准，并制定出本研究的调查问卷。基于产品模块化、生产柔性和竞争优势的研究假设来设计变量，然后根据问卷中收集的研究数据进行统计分析和假设验证。在大规模发放问卷之前，对问卷进行了预测并根据结果适当调整相关问题，以保证问卷数据的精确性和有效性。本研究主要使用的统计工具包括 SPSS23.0 与 AMOS21.0 是两款软件。SPSS23.0 主要负责信效度、相关性以及层次回归的分析。在此基础上，使用 AMOS 21.0 软件对结构方程模型进行假设检验，以确认所有假设的准确性。

1. 问卷的基本情况

设计的问卷由四个部分组成：首先在问卷的卷首进行了背景说明和回应指南；其次在问卷的前面部分调研受访者的个人资料，如性别、年龄、职务、任职的时间长短；再则关注受访者所处的公司的基本情况，如公司的历史、规模、经营方式、行业种类等；最后一个部分则是针对受访企业的内部状态进行评估，这主要涉及到产品的组合水平，企业的生产柔性，以及与其他同行的企业比较，其竞争力的强弱。在问卷的设计过程中，针对受访者的个人信息与其所属公司的基础情况，主要使用了单一的选择题；

而针对产品的模块化、生产的灵活性以及公司的竞争力，则使用了李克特的 5 级量表进行测度。

2. 变量测量

（1）产品模块化的测量

将产品模块化分为模块化设计和模块化生产两个维度来进行测量。模块化设计和模块化生产分别用 5 个题项来测量，如表 6-1 所示。

表 6-1　产品模块化的量表

序号	分类	题目
A1	模块化设计	核心产品或模块改变对最终产品功能或性能影响程度
A2		在同一标准下，产品不同模块独立设计而不产生关联的程度
A3		同类不同型号的产品或模块统一标准的程度
A4		不同模块之间的接口的对接或连接方式重叠的程度
A5		产品或模块符合行业标准或大多数同行默认标准的程度
A6	模块化生产	产品生产能分解成众多单独模块的程度
A7		产品或模块具有不同型号选择的程度
A8		同类不同型号产品或模块组装成最终产品，其形态或性能多样性程度
A9		产品模块可以同时独立生产的程度
A10		不同产品使用同样通用模块的程度

（2）制造柔性的测量

这个部分内容主要涵盖五个部分，如表 6-2 所示。

表 6-2　制造柔性的量表

序号	题目
B1	生产系统能够有效应对计划交付日期的变化
B2	生产系统能够有效增减总产量以响应客户
B3	生产系统能够有效生产多种不同产品
B4	随着时间的推移，生产系统能够有效地处理产品组合中的增减
B5	生产系统能够有效处理当前产品中由于纠正措施或改变客户要求而产生的微小变化的能力

（3）竞争优势的测量

因竞争优势包括成本效益与独特性两个方面，如表 6-3 所示。

表 6-3　竞争优势的量表

序号	分类	题目
C1	成本优势	公司的竞争优势在于运营效率
C2		公司以竞争对手低的价格为顾客创造更多的价值
C3		公司依靠新技术的应用而做到运营成本低于竞争对手
C4		公司通过规模经济实现低运营成本
C5	差异优势	公司的竞争优势在于产品优质
C6		公司将产品与服务相结合，为顾客创造优异的价值
C7		公司逐步建立高品质的产品和品牌形象
C8		公司开发顾客专用的解决方案和产品

本章节对产品模块化、竞争优势以及制造柔性变量的评估都使用了李克特量表 5 级评分制。在产品模块化的评估中，有"极低"至"极高"5 个级别，分数范围在 1～5 分之间；制造柔性的评估则是"完全不同意"至"完全同意"5 个级别，分数范围在 1～5 分之间；而对于竞争优势的评估，则是"完全不同意"至"完全同意"5 个级别。

（4）控制变量

本章的主要控制因素是公司的历史、资产总值、公司的规模和所有制种类、行业种类。公司的历史可以被划分为 5 年、6～10 年、11～20 年和 20 年以上等不同的范围。而公司的资产总值则可以被划分为不超过 100 万元、101 万～500 万元、501 万～1000 万元、1 001 万～2 000 万元和 2 000 万以上。公司的规模主要通过员工的数量来反映，问卷中涵盖的选项包括不超过 100 人、101～500 人、501～1 000 人，以及 1 000 人以上。公司的所有制形式包括国营、私营、中外合资、外商独资、中外合作、集体等。主要的行业领域涵盖了食品饮料、建筑材料、金属机械、家具制造、纺织服装、橡胶材料等。

（三）问卷预检验

预先的问卷检验就是在开始正式调查研究之前，确保在调查方案与大样本检验保持一致的情况下，进行一些小型的预先研究，以评估问卷中的测试题目的可靠性。基于这些预先检验的数据，对相应的问题做出增添、削减或者修订。当问卷的初始设计已经完成，向一些公司的高层领导询问，收集他们的一些意见，然后再对问卷做出相应的修订。

1. 量表信度预检验

在进行信度预测的过程中，主要使用 KMO 的 a 值来评估量表的准确性系数，其值通常在 0 至 1 范围内。量表的内部一致性越强，其信度就越高，KMO 的 a 值系数的数值也会相应增加。如果系数超过 0.9，那么这意味着信度极佳；如果系数在 0.7 至 0.9 之间，那么这意味着信度较好；如果系数在 0.6 至 0.7 之间，那么这意味着量标的信度检测基本上已经通过；如果 KMO 的 a 值系数的数值低于 0.5，那么这意味着信度较差。2022 年 8 月的预调研数据已经发布，共计发放了 100 份问卷，并且成功回收了 91 份，回收率超过 90%。从表 6-4 中可以看出，调查问卷的整体信度 KMO 的 a 值大于 0.8，这说明使用的量表具有很高的信度。

表 6-4 量表整体信度

Cronbach's α系数	标准化 Cronbach's α值	题项个数
0.832	0.830	23

根据表 6-5 的数据，可以观察到产品模块化的两个方面，即模块化设计与模块化生产的 KMO 值分别是 0.826 和 0.836，而且所有问题的α系数值都超过了 0.8。因此，推断产品模块化量表的信度相当高。制造柔性的 KMO 值为 0.827 代表了制作柔性测试的可靠性很高。竞争优势可以被划分为成本优势和差异化优势，它们的 KMO 值分别是 0.806 和 0.808，都超过 0.8，这也证实了竞争优势测试的可靠性相当高。

表 6-5　各潜变量量表信度检验

量表	CITC	删除该题项α系数	量表α值
A1	0.740	0.801	
A2	0.722	0.812	
A3	0.712	0.807	0.826
A4	0.884	0.817	
A5	0.793	0.822	
A6	0.793	0.825	
A7	0.831	0.815	
A8	0.768	0.816	0.836
A9	0.768	0.821	
A10	0.769	0.834	
B1	0.728	0.803	
B2	0.788	0.812	
B3	0.721	0.816	0.827
B4	0.798	0.813	
B5	0.689	0.807	
C1	0.712	0.803	
C2	0.803	0.769	
C3	0.753	0.802	0.806
C4	0.776	0.801	
C5	0.681	0.794	
C6	0.765	0.805	
C7	0.736	0.807	0.808
C8	0.843	0.804	

2. 量表效度预检验

量表效度分析手段是对数据的可靠性进行评估，以确定它们是否能精确地测定相关变量。效度分析的评估标准主要依赖于 KMO 值和 Barlett 球形检验结果。通常，如果 KMO 的数值超过 0.7，那么这个量表就可以被认为适合进行因子分析。Bartlett 球体检验的结果可以识别出各个变量之间的相互独立性，如果 P 值低于 0.001，那么这些变量的相互独立性就是不存在的，这时候就可以进行因子分析。

（1）产品模块化量表

表 6-6 为产品模块化的相关描述性统计，其中包括了标准差和均值两项内容。

表 6-6　产品模块化描述性统计

量表	样本数	均值	标准差
A1	91	3.68	1.264
A2	91	3.90	1.071
A3	91	3.82	1.187
A4	91	3.54	1.313
A5	91	3.76	1.126
A6	91	3.95	1.008
A7	91	4.02	1.272
A8	91	3.85	1.113
A9	91	3.93	1.337
A10	91	3.27	1.306

1）模块化设计

表 6-7 展示了模块化设计量表的 KMO 测度与 Bartlett 球体检验的结果，KMO 的数值达到 0.806，超过 0.8，这表明这个量表非常适合进行因子分析；而 Bartlett 球体的检测数据为 0.000，低于 0.01，这也是进行因子分析的理想条件。

表 6-7　模块化设计量表的 KMO 及 Bartlett 球体检验

KMO 取样适切性量数		0.806
Bartlett 球形度检验	χ^2	205.280
	自由度	10
	显著性	0.000

表 6-8 展示了模块化设计的因子载荷依照 Michacl Traccy 等的结论，如果因子载荷小于 0.6，则需要剔除，而且所有因子载荷的数值都超过 0.6，这表明模块化设计的测量工具选择得比较优秀。

表 6-8　模块化设计因子载荷

量表	因子载荷
A1	0.804
A2	0.825
A3	0.852
A4	0.831
A5	0.829

2）模块化生产

根据表 6-9 的数据，模块化生产 KMO 的数值超过 0.846＞0.8，并且球形检验的显著性达到 0.000，这表明该量表适用性较高。其中模块化生产量表的全部题项因子载荷都超过 0.8（如表 6-10 所示），可以保留全部 5 个指标。

表 6-9　模块化设计量表的 KMO 及 Bartlett 球体检验

KMO 取样适切性量数		0.846
Bartlett 球形度检验	χ^2	231.547
	自由度	10
	显著性	.000

表 6-10　模块化设计因子载荷

量表	因子载荷
A6	0.904
A7	0.904
A8	0.894
A9	0.877
A10	0.868

（2）制造柔性量表

表 6-11 展示了生产柔性问卷的平均数、标准偏差等信息，这对更深入地理解每个变量的平均数及其波动范围。通过表 6-12，发现生产柔性问卷的 KMO 值 0.867 大于 0.8，Bartlett 球形测试结果显示 0.000＜0.01，证实这份问卷符合因子分析的要求。根据表 6-13，可以观测到生产柔性的每一项参数的负载值都超过了 0.8，这意味全部参数都可以保留。

表 6-11　制造柔性描述性统计

量表	样本数	均值	标准差
B1	91	3.86	1.212
B3	91	3.61	1.226
B3	91	3.73	1.241
B4	91	4.01	1.003
B5	91	3.74	1.182

表 6-12　制造柔性的 KMO 及 Bartlett 球体检验

KMO 取样适切性量数		0.867
Bartlett 球形度检验	χ^2	206.030
	自由度	10
	显著性	0.000

表 6-13　制造柔性的因子载荷

题项	因子载荷
B1	0.847
B2	0.864
B3	0.853
B4	0.838
B5	0.823

（3）竞争优势量表

从表 6-14 中，能够明确地观察到竞争优势量表中每一题的均值、标准偏差和样本数，从而更深入地理解每个题项均值及其变动情况。

表 6-14　竞争优势描述统计

量表	样本数	均值	标准差
C1	91	3.78	1.125
C2	91	3.92	1.107
C3	91	4.05	1.132
C4	91	3.85	1.143
C5	91	3.53	1.167
C6	91	4.07	1.146
C7	91	3.67	1.074
C8	91	3.54	1.125

1）成本优势

从表 6-15 的数据分析可以看出，成本优势量表的 KMO 值为 0.832＞0.8，Bartlett 球体检验结果为 0.000＜0.01，这表明该量表满足因子分析的标准。

而从表 6-16 的数据分析可以看出，成本优势的 4 个题项其因子载荷都超过 0.8，所以全部 5 个题项可保留。

表 6-15　成本优势的 KMO 及 Bartlett 球体检验

KMO 取样适切性量数		0.832
Bartlett 球形度检验	χ^2	143.275
	自由度	6
	显著性	0.000

表 6-16　成本优势量表的因子载荷

量表	因子载荷
C2	0.832
C2	0.865
C3	0.876
C4	0.887

2）差异化优势

根据表 6-17 的数据可以看出，差异化优势量表的 KMO 为 0.815＞0.8，Bartlett 体检验结果为 0.000＜0.01，表明该量表符合因子分析的标准。从表 6-18 的数据来看，差异化优势的 5 个题项的因子载荷都超过 0.8，因此，该量表的 4 个题项都可保留下来。

表 6-17　差异化优势的 KMO 及 Bartlett 球体检验

KMO 取样适切性量数		0.815
Bartlett 球形度检验	χ^2	132.353
	自由度	6
	显著性	0.000

表 6-18　差异化优势量表的因子载荷

量表	因子载荷
C5	0.807
C6	0.838
C7	0.824
C8	0.879

（四）数据收集

1. 大样本数据收集

经过小样本的预先测试得出结论，该量表在这次研究中展现出了良好的信度和效率，因此选择这份问卷作为大规模调查的数据来源。问卷主要面向浙江省中小制造企业，其调查目标是制造业的中高级管理者和生产车间的管理者。在这次调研中，共派发 300 份问卷，并成功收集到 180 份。剔除了数据不完整和不符合模块化生产的问卷 23 份，共得到 157 份有效的问卷，有效回收率为 52.33%。

2. 样本特征分布

从表 6-19 可以看出，本次调查的企业基本情况，企业资产在 501 万～2 000 万元分布较多，企业规模主要集中在 100～500 人之间，占总样本数的 24.2%；受访企业的选择严格参照现有模块化行业的认定标准 [参考郝斌和 Annie Guerin（2011）的研究]，性质分布相对比较均匀。行业分布包括家用设备制造业（行业代码：4071～4072）65 家（41.6%）、计算机软件设备服务业（行业代码：6211）24 家（15.2%）、集成电路制造业（行业代码：4053）10 家（6.3%）、化工设备制造业（行业代码：3621）27 家（17.2%）、发电装备制造业（行业代码：3911）5 家（3.1%）、汽车制造业（行业代码：3721）26 家（16.5%）。

表 6-19　样本的特征分布

		样本
资产总额	少于 100 万	9
	101～500 万	15
	501～1 000 万	26
	1 001～2 000 万	66
	2 001～5 000 万	32
	5 000 万以上	9
公司规模	少于 50 人	5
	50～100 人	20
	101～500 人	35
	501～1 000 人	86
	1 000 人以上	11

续表

		样本
所有制类型	国有企业	2
	私营企业	87
	中外合资企业	23
	外商独资企业	6
	中外合作企业	33
	集体企业	6
行业类型	家用设备制造	65
	计算机软件设备	24
	集成电路制造	10
	化工设备制造	27
	发电装备制造	5
	汽车制造	26

（五）信度和效度分析

为确保研究的准确性与其实用价值的重要性，必须优先考虑研究数据的真实性，只有如此，得到的结果才具备足够的可靠性与说服力。

1. 信度分析

通过问卷的信度分析来评估题项的可靠性，也就是测量结果的内在一致性。本研究选择 KMO 值作为信度评估的标准，以检验题项的内在一致性和测量的结果，具体数据见表 6-20。根据全局信度分析的数据，系数达到了 0.832，表明本次研究的结果具有优秀的内在一致性。

表 6-20　整体信度分析

KMO 值α系数	标准化 KMO 值α系数	题项数
0.821	0.832	23

经过对产品模块化、制造柔性和因变量竞争优势这三个自变量的信度分析（见表 6-21），KMO 值分别达到 0.824、0.838 和 0.845，这些数据都超过了 0.8，这表明所有变量的题项之间存在着良好的内在一致性。

表 6-21　各量表信度分析

题项	CITC	删除该题项的α值	KMOα	
A1	0.736	0.862		
A2	0.756	0.858		
A3	0.682	0.875	0.816	
A4	0.704	0.870		
A5	0.773	0.885		0.824
A6	0.790	0.854		
A7	0.675	0.879		
A8	0.774	0.857	0.832	
A9	0.700	0.874		
A10	0.728	0.868		
B1	0.682	0.952		
B2	0.751	0.950		
B3	0.643	0.952	0.838	0.838
B4	0.696	0.951		
B5	0.668	0.952		
C1	0.689	0.884		
C2	0.743	0.821	0.868	
C3	0.750	0.819		
C4	0.695	0.841		
C5	0.682	0.782		0.845
C6	0.682	0.784	0.835	
C7	0.657	0.797		
C8	0.646	0.799		

2. 效度分析

效度分析是指对问卷的结构效度、内容效度及效标效度进行评估。本章所提出的量表,是从以往再模块化研究中斟酌筛选出来的指标构成的。此外,还通过对 KMO 值的测定及 Bartlett 检验,进一步证实了这些数据适合进行因子分析。

(1) 整体效度分析

整体效度分析结果如表 6-22 所示。

表 6-22　整体效度分析表

KMO 取样适切性量数		0.874
Bartlett 球形度检验	χ^2	4 457.254
	自由度	247
	显著性	0.000

根据表 6-22 的数据,可以观察到 KMO 的总值大于 0.8,且 Bartlett 球体

的检测结果为 0.000＜0.05，表明量表效度达到了预期标准。

（2）各量表效度分析

各量表效度分析结果如表 6-23 所示。利用"降维"方法，能够探究一组变量的内在联系，然而，需要先确认所有被评估的变量之间有某种程度的相互影响，从而决定能否对每项评估的指标进行更深入的因子分析。从每项评估的效度分析结果来看，产品模块化、生产柔性及竞争力优势的 KMO 值分别达到 0.862、0.843 和 0.828，其中，所有的数值都超过了 0.8，并且 Bartlett 的球形检验结果都达到 0.000。所以，这个测试的准确性达到了预期，能够执行因素分析。

表 6-23　各量表效度分析

变量	各量表 KMO 及 Bartlett 球体检测值		
产品模块化	KMO 取样适切性量数		0.862
	Bartlett 球形度检验	χ^2	1 987.684
		自由度	43
		显著性	0.000
生产柔性	KMO 取样适切性量数		0.843
	Bartlett 球形度检验	χ^2	598.652
		自由度	10
		显著性	0.000
竞争优势	KMO 取样适切性量数		0.828
	Bartlett 球形度检验	χ^2	1 301.037
		自由度	26
		显著性	0.000

（六）验证性因子分析

主要通过验证性因子分析来检测调查问卷的数据和模型之间是否存在优秀的匹配关系。

1. 产品模块化验证性因子分析

将产品的模块化划分为模块化设计和模块化生产两个部分，每个部分都有 5 个题项。使用 AMOS21.0 来对这两个部分的结构进行验证性因子分析，具体分析结果如图 6-1 和表 6-24 所示。

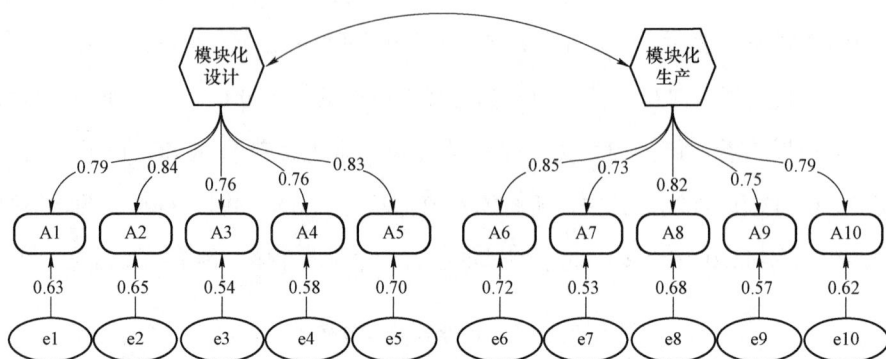

图 6-1　产品模块化验证性因子分析

表 6-24　产品模块化的验证性因子分析结果

路径			标准量估计值	非标准化估计值	S.E.	C.R.	P
A1	<—	模块化设计	0.745	1	0.060	16.397	***
A2	<—	模块化设计	0.765	0.980	0.063	14.620	***
A3	<—	模块化设计	0.762	0.914	0.063	15.237	***
A4	<—	模块化设计	0.788	0.954	0.055	17.030	***
A5	<—	模块化设计	0.832	0.935			
A6	<—	模块化生产	0.846	1			
A7	<—	模块化生产	0.727	0.854	0.055	15.488	***
A8	<—	模块化生产	0.824	1.009	0.055	18.484	***
A9	<—	模块化生产	0.748	0.861	0.053	16.324	***
A10	<—	模块化生产	0.787	0.994	0.057	17.354	***
模块化设计	<—>	模块化生产	0.320	0.231	0.045	5.149	***
χ^2	48.254	RMSEA	0.034	NFI	0.976	TLI	0.990
df	34	GFI	0.975	RFI	0.968		
χ^2/df	1.38	CFI	0.993	IFI	0.993		

根据图 6-1 的数据可以发现，产品模块化验证性因子分析的标准化路径系数都超过了 0.5，并且 P 值都低于 0.001。其中，题项 5 对模块化设计的影响最大，而题项 6 则对模块化生产最有解释效力。

根据表 6-24 的数据，χ^2/df 的值 1.38 低于 3，RMSEA 的值低于 0.08；GFI 的数值为 0.975，NFI 的数值为 0.976，RFI 的数值为 0.968，IFI 的数值

为 0.993，CFI 的数值为 0.993，均超过了 0.9。此外，所有的路径标准化系数都在 $P<0.001$ 的范围内具有显著性。从所提供的信息中，可以看出模型的拟合度非常好。对产品的模块化设计和生产两个方面维度划分是非常有效的。

2. 竞争优势验证性因子分析

将竞争优势划分为成本优势和差异化优势两个方面。每个方面都包含 4 个测试题项。使用 AMOS21.0 进行了竞争优势的维度结构的验证性因子分析，具体的分析结果如图 6-2 以及表 6-25 所示。

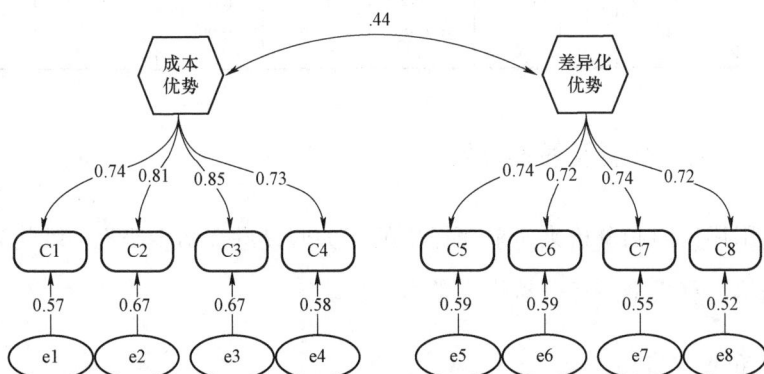

图 6-2　竞争优势验证性因子分析

图 6-2 显示，标准化路径系数的竞争优势验证性因子分析分别为 0.74、0.81、0.85、0.73、0.71、0.72、0.74、0.72，而 P 值都低于 0.001。题项 3 是最能解释成本优势的，而题项 5 和题项 6 则是对差异化优势影响最大的。

从表 6-25 可以看出，竞争优势模型的 χ^2/df 的值为 1.47，低于 3，RMSEA 的数值为 0.027，低于 0.08；GFI 的数值为 0.984，NFI 的数值为 0.982，RFI 的数值为 0.973，IFI 的数值为 0.996，CFI 的数值也是 0.996。所有的拟合指标都达到预期标准，并且每个路径的系数都其显著性。经过对比拟合数据，发现模型的拟合程度较高，所以将竞争优势划分为两个方面具有合理性。

表 6-25　竞争优势验证性因子分析

路径			标准量估计值	非标准化估计值	S.E.	C.R.	P
C1	<—	成本优势	0.757	1			***
C2	<—	成本优势	0.817	1.045	0.069	15.206	***
C3	<—	成本优势	0.821	1.036	0.068	15.258	***
C4	<—	成本优势	0.762	0.954	0.067	14.201	***
C5	<—	差异化优势	0.767	1			***
C6	<—	差异化优势	0.767	0.904	0.066	13.656	***
C7	<—	差异化优势	0.741	1.038	0.078	13.254	***
C8	<—	差异化优势	0.722	0.851	0.066	12.939	***
成本优势	<—>	差异化优势	0.444	0.362	0.058	6.23	***
χ^2	24.204	RMSEA	0.027	NFI	0.982	TLI	0.994
df	19	GFI	0.984	RFI	0.973		
χ^2/df	1.247	CFI	0.996	IFI	0.996		

（七）实证分析及假设检验

运用层次回归分析来对前面提出的相关假设进行初步研究，以此为接下来的结构方程模型路径分析提供数据支持。

1. 相关分析

在回归分析中，变量的相互影响关系是研究的重点内容。具体的联系分析结果见表 6-26。本研究主要利用 Pearson 指标来探讨不同的变量之间的联系。根据 6-26 的数据，自变量产品模块与中介变量的生产柔性在 0.01 的显著范围内有着明确的正相关关系，Pearson 指标达到 0.564。同样，自变量产品模块与因变量的竞争力也有着 0.01 的显著正相关，Pearson 指标达到 0.642。在 0.01 的显著性范围内，中介变量的与因变量的生产柔性竞争力有着积极的关联，Person 系数达到 0.583。模块化设计、模块化生产与生产柔性的关系；模块化设计、模块化生产与成本效益、差异化效益的关系；生产柔性与成本效益、差异化效益的关系在 0.01 的显著性范围内同样有着积极的关联。在 0.05 的水平上，控制变量的资产总额与生产柔性呈现出明显的负相关，Pearson 系数为 −0.137；而在 0.01 的水平上，控制变量的企业所有制类型与生产柔性呈现出明显的正相关，Pearson 系数达到 0.148。

表 6-26 描述性统计分析及个变量相关关系

	平均值	标准差	资产总额	企业规模	企业类型	行业类型	产品模块化	模块化设计	模块化生产	生产柔性	竞争优势	成本优势	差异化优势
资产总额	3.510	1.315	1										
员工总数	2.790	1.022	0.398**	1									
企业类型	3.460	1.814	−0.040	−0.013	1								
行业类型	3.520	1.604	−0.073	−.143**	0.044	1							
产品规模化	3.918	0.682	0.032	−0.027	0.038	−0.011	1						
模块化设计	3.836	0.870	0.041	−0.018	0.049	−0.038	0.813**	1					
模块化生产	4.000	0.830	0.010	−0.023	0.010	0.022	0.787**	0.285**	1				
生产柔性	3.920	0.759	−0.137*	−0.076	0.148**	−0.003	0.564**	0.454**	0.475**	1			
竞争优势	3.841	0.796	−0.032	0.033	−0.005	−0.019	0.642**	0.514**	0.563**	0.583**	1		
成本优势	3.949	0.963	0.003	0.033	0.035	0.004	0.537**	0.418**	0.444**	0.511**	0.833**	1	
差异化优势	3.733	0.952	−0.057	0.022	−0.044	−0.035	0.562**	0.437**	0.466**	0.512**	0.829**	0.381**	1

2. 回归分析

在深入研究公司财务状况、大小、种类和所属领域，以及它们与产品的组合、生产灵活度和市场竞争力的相互作用时，将采取层级回归的方法来初步研究控制变量、自变量、中介变量和因变量的相互作用。

（1）产品模块化对竞争优势的回归分析

根据表 6-27 的数据，发现 4 个控制变量（包括公司的资产总值、员工人数、公司类型和所属行业）的回归系数分别是 −0.121、0.053、0.038 和 0.008。产品的模块化对其竞争力有着显著的积极效应，其回归系数为 0.664 > 0。同时，模型 1 和模型 2 的 R^2 也得到了显著的增长（$P < 0.01$）。这些结果证实了产品的模块化对其竞争力的积极作用，因此可以推断 MI1 的假设是正确的。

表 6-27　产品模块化对竞争优势的回归分析

预测变量		竞争优势		竞争优势	
		B	T	B	T
控制变量	资产总额	−0.103	−1.626	−0.121*	−2.457
	员工总数	−0.000	−0.109	−0.053	0.999
	企业类型	−0.013	−0.243	−0.038	−0.918
	行业类型	0.003	−0.061	0.008	0.155
自变量	产品模块化			0.664**	16.91
	F	3.183		35.882	
	R^2	0.042		0.375	

注：*$P<0.05$，**$P<0.01$。模型中各变量均采用平均分代入回归方程

（2）产品模块化对生产柔性的回归分析

根据表 6-28 的数据，发现 4 个控制变量（包括公司的资产总值、员工人数、公司类型和所属行业）的回归系数分别是 −0.129、−0.049、0.127 和 −0.006。生产柔性对于竞争力的提升是显著的，其回归系数达到 0.568＞0。同时，模型 1 和模型 2 的 R^2 也有了显著的增长（$P<0.01$）。这些发现证实了产品模块化对于柔性生产的积极作用，因此可以推断 MI2 的假设是正确的。

表 6-28　产品模块化对制造柔性的回归分析

预测变量		生产柔性		生产柔性	
		B	T	B	T
控制变量	资产总额	−0.127*	−2.02	−0.129**	−2.725
	员工总数	−0.105	−1.597	−0.049	−1.033
	企业类型	−0.142**	−2.731	0.127**	2.889
	行业类型	0.007	−0.141	−0.006	−0.113
自变量	产品模块化			0.568**	13.819
	F	3.183		35.882	
	R^2	0.042		0.375	

注：*$P<0.05$，**$P<0.01$。模型中各变量均采用平均分代入回归方程

（3）生产柔性对竞争优势的回归分析

根据表 6-29 的数据，发现 4 个控制变量（包括公司资产总值、员工人数、公司类型和所属行业）的回归系数依次为 −0.024、0.053、−0.102 和 0.006。

研究发现，生产柔性对于竞争力有着显著的积极效应，其回归系数大于 0.635＞0。同时，模型 1 和模型 2 的 R^2 也得到了显著的增长（$P<0.01$）。这些发现证实了产品的模块化对于竞争力的积极作用，因此可以推断 MI3 的假设是正确的。

表 6-29　生产柔性与竞争优势的回归分析

预测变量		竞争优势		竞争优势	
		B	T	B	T
控制变量	资产总额	−0.103	−1.626	−0.024	−0.491
	员工总数	−0.007	−0.109	0.053	1.09
	企业类型	−0.013	−0.243	−0.102*	−2.39
	行业类型	0.003	0.061	0.006	0.185
自变量	生产柔性			0.635**	14.639
	F	0.893		36.903	
	R^2	0.012		0.381	

注：*$P<0.05$，**$P<0.01$。模型中各变量均采用平均分代入回归方程

（4）生产柔性在产品模块化和竞争优势之间的中介效应检验

这部分检验使用了方杰等学者提出的中介效应检验方法。当一个自变量 X 通过硬性变量 M 对因变量 Y 产生影响，那么这个变量就被定义为中介变量。而且，检测中介效应的最常见手段就是逐渐检验回归系数。若 X、Y 这两个变量是自变量，M 作为中介变量，那么它们的相互影响如图 6-3 所示。

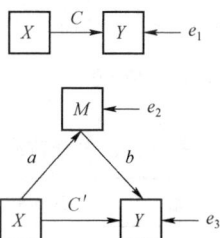

图 6-3　中介变量示意图

使用 SPSS-process 工具，以竞争优势为作为因变量，并以 4 个控制变量为辅助参数，对其进行了回归研究。接着，逐一引入产品的模块化以及

生产柔性，以便对其进行更深层的数据分析如表 6-30 所示。根据层次回归的数据，发现产品的模块化对其生产柔性和市场竞争力有着重大的作用。将中间变量设定为生产柔性时，发现它对市场竞争力的作用是非常显著，但此时产品模块化对市场竞争力的作用就会减小，表明生产柔性在产品模块化对市场竞争力的作用过程中起到了一定的中介作用。

表 6-30　产品模块化对竞争优势影响的层次回归结果

预测变量	生产柔性		竞争优势		竞争优势	
	T	P	T	P	T	P
资产总额	−2.769**	0.005	−2.428	0.014	−1.487	0.135
员工总数	−1.082	0.279	1.014	0.311	1.506	0.133
企业类型	2.919**	0.003	−0.943	0.337	−2.137*	0.034
行业类型	−0.111	0.911	0.162	0.871	0.221	0.831
生产柔性					7.614**	0.000
产品模块化	12.388**	0.000	17.595**	0.000	10.265**	0.000
R^2	0.368		0.450		0.533	
F	31.875		65.459		66.212	

采用 Bootstrap 自动抽样的策略，并依据研究样本量，将抽样频率设定为 5 000 次。当置信区间达到 95% 时，结果如表 6-31 所示，产品的模块化能够通过生产柔性来提升其竞争力，其中，间接效应的值是 0.241，占总效应的 30.52%；而直接效应的值是 0.551，占总效应的 70.86%。Bootstrap 的中介效应检测的间接效应区域在 0.163~0.332 之间，直接效应区域在 0.421~0.638 之间，而总效应区域则是 0.689~0.865。这三个效应区域都没有包括 0，这表明在产品模块化对竞争优势的影响过程中，生产柔性起到了重要的部分中介作用，证实了 MI4 的假设是正确的。

表 6-31　总效应、中介效应分解表

名称	Effect	占比	BootSE	Boot 下限	Boot 上限
间接效应	0.241	30.52%	0.039	0.163	0.332
直接效应	0.551	70.86%	0.053	0.421	0.638
总效应	0.775	100.00%	0.044	0.689	0.865

二、模块化创新对企业绩效实证分析

（一）研究假设

1. 产品模块评价指标

经济活动越来越复杂的今天，国际分工与合作俨然已成为主流。国际分工与合作已经发展成为垂直专业化分工与产品国际国内分工的形式，新型国际分工的产品大多是复杂产品，即将一个产品分解为多个不同的组件，不同的组件生产任务被交付给不同的生产商，最后由系统集成商将所有组件进行组装，形成最终产品，这就形成了模块化分工协作网络。

模块化是对复杂产品的分解与集成，如今已经成为优化产品结构、推动产品和组织创新、促进产业升级的重要工具。考虑到模块化创新的测量难度，首要任务是将其转化为可衡量的准则，并设计出本研究的调查问卷。将产品模块化创新分为模块化设计和模块化生产两个维度来进行测量。模块化设计和模块化生产 5 个题项来测量（见表 6-32）。

表 6-32　产品模块化的量表

序号		题目
M1	模块化设计	模块独立设计而不产生关联的程度（模块设计关联度）
M2		不同模块之间的接口重合度（模块接口重合度）
M3		模块标准统一程度（标准统一度）
M4	模块化生产	产品生产能分解成众多单独模块的程度（模块分解度）
M5		模块组装的多样化程度（组装多样度）

2. 企业绩效的评价指标

模块化创新在中小企业的运营表现上起着重要作用。为深入研究这些创新模式如何影响公司的运营表现，并考虑中小企业的具体状态，将公司运营表现划分为两个主要部分财务表现和创新表现。其中，财务表现被视作评估创新成果的主要依据。早期创新成功与否的影响往往仅以财务表现来衡量，本章结合 Rothwell 和 Maidique 与 Ziger 的度量标准选择了两个关键的财务数据：产品的市场份额和盈利能力。使用 Cooper 和 Clark 等学者的创新表现评估方法，通过多种视角对创新表现的新产品数量和开发周期进行了评估。针对我国的中小企业实际情况，依据指标的科学性、导向性、可比性、可获取性和可操作性的原则，对每一项具体的指标和操作性进行了定义。选取新冠病毒疫情开始后三年里在模块化创新方面获得成功的公司的数据，并对产品市场占有率的高低、产品盈利能力和新产品的开发周期进行评估。

3. 理论假设集合

总的来说，本研究的预测可以划分为两个主要方面：第一，模块化设计对于中小企业的绩效表现有着明确的积极影响；第二，模块化生产也对公司表现产生了积极影响。在此，列举了本章的理论预测集合，见表 6-33。

表 6-33　产品模块化与企业绩效假设汇总

指标代码	指标内容
K1	中小企业的模块化设计与企业财务绩效显著正相关
K2	中小企业的模块化生产与企业财务绩效显著正相关
K3	中小企业的模块化设计与企业创新绩效显著正相关
K4	中小企业的模块化生产与企业创新绩效显著正相关

（二）研究方法

1. 文献研究

文献研究的资料主要可以归纳为三大类，即创新理论、中小企业创新理论和模块化创新研究。通过多种方式获得这些资料，其中大部分是通过各种网络资源和图书馆。这些资料来自浙江大学图书馆电子数据库、人大复印资料数据库、中国知网、维普全文期刊数据库，还有一些著名的在线检索工具。

利用这些互联网数据，能够收集到大量有关中小企业的技术革新与模块化革新的相关信息。

2. 调研访谈与案例研究

这项研究被分为两个阶段进行。首先，选择浙江北仑模具基地具有代表性的中小企业进行初步调研和访谈。访谈对象包括公司的总裁、技术部的CEO，以及公司的其他领导，如生产部的负责人和市场的负责人等。访谈目的是了解这家企业自成立以来所做的各种创新努力，以及他们在开展创新活动时的经验和存在的问题。同时，也会与这家企业进行头脑风暴等创新思维启发活动，以探索企业下一个发展阶段的创新方向。依据初步研究访谈的成果，结合国外相关研究成果，制定了后续的深度访谈大纲和调查问卷。问卷制定完成后，第二步的实证分析和探讨就启动了，挑选出浙江和江苏代表性的创新型中小企业。通过这种访谈的形式，希望能够最大程度上收集到关键的案例信息，以便对这些经典的案例做出整理和概括，使用的是"半结构化深度访谈"的策略，采访目标依旧包括公司的关键领导、技术团队及市场营销团队的成员。在采访的最终阶段，分发并进行了一系列的问卷调查，并且收集到的数据都比较完整。针对这次的企业采访，根据研究实践，挑选出一家具备一定代表性的中小企业，并且编制了一份案例研究，以此来完整说明理论探讨结论。

（三）问卷设计与调查

为确认理论模式及其预期，依据理论梳理及现场采访的数据，制定了一份研究问卷（见附录2），旨在检验中小企业的模块化创新及其与公司表现的相互影响。

1. 问卷设计

问卷的主体包括四个部分：研究背景解释、受访公司的基础信息、公司的绩效评价指标系统，还有针对中小企业使用的技术创新模式的评价标准。

问卷第一部分内容涵盖了公司的名称、所属行业、员工人数、成立时间、研发投入在销售收入中的占比等信息。通过设定这种问题，对调查的公司进行分类，以便在后续的数据分析中进行分类对比。本研究使用了一种常见的创新表现评估方式，并通过多种视角对创新表现进行评估，包括新产品的开发数量和开发周期。所有的评估指标都使用了李克特等级评分法。

2. 问卷调查

本研究主要依赖于问卷调查来获得必需的信息。为了确保得到的数据的精确度及研究成果的合理性，在这项问卷调查中实行了四4管理策略。

（1）样本选择

调查样本主要为江浙地区的中小企业，这些企业大多数属于制造业，如机械设备、纺织品、电子设备。所有被挑选出来的企业都具备模块化创新基础。通过向不同行业发放调查问卷，研究工作能够在更广泛的范围内进行，这对于推动中小企业进行各种创新活动具有重大的意义。选取的样本公司确保了研究成果的可靠性和精确性，并且，主要由公司的高级管理人员填写问卷，这也确保了收集到的数据的稳定性。

（2）问卷发放途径

问卷发放主要通过现场访谈和电子邮件两种途径来进行。针对宁波的关键目标公司，在一些公司进行深入研究的过程中，直接获得了问卷，并在现场解答了填写问卷的所有疑惑，因此确保了问卷的高度可靠性。由于受到实际情况和时间的约束，无法亲自前往其他公司进行现场考察以获取信息，所以选择预先交流并发送电子邮件的方式。参与调研的人员主要是通过科技园管理委员会、教师推荐，以及在相关领域工作的同学或者朋友的介绍参与此项研究。

（3）问卷发放方式

问卷研究流程包括设计、采访、初步分配、再次完善和最后的广泛分发。在全过程里，从几位深度调查公司的高层领导那里收集到有价值的意见，并且对于存在的缺陷如文本描绘、框架布局的适当性等方面做出了相应的修正和完善，以确保所得到的数据的准确性。

（四）实证分析

在实证性的研究过程中，运用软件包处理问卷调查获取的数据。主要的分析手段包括描述性统计分析、信度与效度分析、方差分析及回归分析。

1. 被调查对象的描述性统计分析

在这次的研究中，一共派发了 300 份问卷，并且涵盖了一些公司。在这些问卷里，总计得到 157 份有效问卷，而剩下的一部分则因为没有填写正确的答案，或者存在较多的重复，因此被认定为无效。具体的有效回收数据如下。被调查公司的具体信息如表 6-34 所示。

表 6-34　变量特征分析

		频次
资产总额	少于 100 万元 101 万～500 万元 501 万～1 000 万元 1 001 万～2 000 万元 2 001 万～5 000 万元 5 000 万元以上	9 15 26 66 32 9
公司规模	少于 50 人 50～100 人 101～500 人 501～1 000 人 1 000 人以上	5 20 35 86 11
研发投入 销售占比	<0.5% 0.5～1% 1～3% 3%以上	6 23 89 39
行业类型	家用设备制造 计算机软件设备 集成电路制造 化工设备制造 发电装备制造 汽车制造	65 24 10 27 5 26

2. 效度与信度检验

对于效度和信度的考察，主要涉及模型的搭建、各个变量的选择以及数据的搜集。这两个方面的测试对于实证研究来说至关重要，因此，在开始更深层次的实证分析之前需要通过两个方面的测试和检验。

（1）因子分析

在这项研究里，运用因子分析来评估问卷理论的设计成效。在上一章和本章的前叙部分已经详尽地阐述了本研究中各个变量的定义、构造，以及它们之间的关联。在这一部分，将利用因子分析来检验同一变量的不同题项是否能够精确地表述被度量变量的特性。

1）模块化创新

经过因子分析，Bartlett 球体检验的统计值为 0.812＞0.8，这说明数据之间有很强的联系。所以，每个题项都符合进行因子分析的条件。且从表 6-36 可以看出模块创新的 10 个题项因子荷载均超过 0.8，因此，所有题项均以保留。具体数据如表 6-35 和表 6-36 所示。

表 6-35 模块化设计量表的 KMO 及 Bartlett 球体检验

KMO 取样适切性量数		0.812
Bartlett 球形度检验	χ^2	932.354
	自由度	15
	显著性	0.000

表 6-36 模块化设计因子载荷

量表	因子载荷
M1	0.804
M2	0.825
M3	0.852
M4	0.831
M5	0.829

2）企业绩效

通过对公司的业绩指标执行因子分析，KMO 值为 0.827，超过 0.8，Bartlett

的球体检验数据显著性较好。这意味着这些数据之间存在很强的相关性，具体结果如表 6-37 所示。

表 6-37 模块化设计量表的 KMO 及 Bartlett 球体检验

KMO 取样适切性量数		0.827
Bartlett 球形度检验	χ^2	932.354
	自由度	15
	显著性	0.000

主成分法被应用于因子分析。为了辨识出企业的创新绩效和财务绩效，分别探讨了模块化创新对两者的差异性影响。最终选定使用 2 个因子数，并利用方差最大法和正交旋转法来获得每个因素的载荷。将已知的各项数据整合成 2 个因子，具体数据结果见表 6-38。

表 6-38 模块化设计量表的因子荷载检验

量表	因子载荷（旋转后）	
	1	2
产品市场份额	0.800	0.439
产品盈利能力	0.817	0.459
开发新产品数	0.453	0.831
新产品开发周期	0.467	0.824

选定的这两个因子的特征根阐述整体的方差。产品的市场份额和盈利能力主要揭示了公司在财务上的表现，这些都被归为因子 1，也就是说，公司在财务绩效表现，而新产品的开发数量和周期，这些都是公司在创新上的成就，这些都被归为因子 2，也就是公司的创新绩效。

（2）信度检验

在实证研究过程中，通常使用的是克伦巴赫系数考证问卷的可靠性，也就是评估调研结果的内在一致性。通常会选择超过 0.7 作为检测标准。对各个因子进行可靠性评估，这些因子都满足了可靠性标准，具体结果如表 6-39 所示。

表 6-39　产品模块化变量信度检验结果

变量	Alpha 值（a）	参考值
M1	0.932	
M2	0.887	
M3	0.969	a≥0.70
M4	0.963	
M5	0.970	

3. 回归分析

基于因子分析和方差分析的基础，采用回归分析来验证中小企业模块化创新与其绩效之间的关系。将企业的财务绩效和创新绩效作为被解释变量，而企业的各个模块化设计和模块化生产题项则作为解释变量来做线性回归分析。

（1）各因子对企业财务绩效指标的回归分析

运用软件回归操作之后得到的结果如表 6-40 所示。

表 6-40　各因子对财务绩效的回归结果

变量	非标准回归系数		标准回归系数	t 值	显著性	VIF
	B 值	标准误差	Beta 值			
常数项	−1.336	0.188		−7.098	0.000	
M1（模块设计关联度）	394	0.042	0.400	9.321	0.000	1.749
M2（模块接口重合度）	0.287	0.043	0.281	6.512	0.000	1.765
M3（标准统一度）	0.263	0.052	0.294	7.407	0.000	1.500
M4（模块分解度）	0.198	0.052	0.163	3.843	0.000	1.705
M5（组装多样度）	0.122	0.041	0.123	2.973	0.004	1.632

通过对模块化创新、产品模块化和设计模块化两个维度的 5 个因子的综合考量，运用逐步回归分析，推导出相应的回归公式。观察其结果，每个因子都具有显著性，这证实了其良好的回归效果。每个因子的 t 值都符合显著性小于 0.05，都可被视为解释项，且常数项的 t 值显著性概率也符合小于 0.05 的要求，同样可被纳入回归方程。最终的回归公式如下：

企业财务绩效 = − 1.336+0.394*模块设计关联度+0.287*模块接口重合度+

0.263*标准统一度+0.198*模块分解度+0.122*组装多样度

根据上述的回归方程中各变量系数的大小，可以看出，模块设计关联度、模块接口重合度、标准统一度、模块分解度和组装多样度对企业财务绩效影响都有正向影响，其中前三项的系数明显比后两项数值要大，可以看出设计模块化对于企业财务绩效的影响比生产模块化要大。

（2）各因子对企业创新绩效指标的回归分析

表 6-41　各因子对创新绩效的回归结果

变量	非标准回归系数		标准回归系数	t 值	显著性	VIF
	B 值	标准误差	Beta 值			
常数项	− 3.475	0.188		− 14.432	0.000	
M1（模块设计关联度）	0.437	0.037	0.326	6.318	0.000	2.239
M2（模块接口重合度）	0.268	0.043	0.276	7.254	0.000	1.765
M3（标准统一度）	0.382	0.053	0.253	6.452	0.000	1.388
M4（模块分解度）	0.332	0.048	0.267	5.769	0.000	1.435
M5（组装多样度）	0.276	0.040	0.194	5.473	0.004	1.328

通过对模块化创新和产品模块化和设计模块化两个维度的 5 个因子的综合考量，运用逐步回归分析，推导出相应的回归公式。观察其结果，每个因子都具有显著性，这证实了其良好的回归效果。每个因子的 t 值都符合显著性小于 0.05，都可被视为解释项，且常数项的 t 值显著性概率也符合小于 0.05 的要求，同样可被纳入回归方程。最终的回归公式如下：

企业财务绩效 = −3.475+0.437*模块设计关联度+0.268*模块接口重合度+

0.382*标准统一度+0.332*模块分解度+0.276*组装多样度

根据前述的回归方程中各变量系数的大小，可以看出，对创新绩效影响最大的是模块设计的关联度，其次模块接口的重合度、模块标准的统一度、模块的可分解度和组装多样度都对企业的创新绩效产生了积极的影响。

第七章　案例对象概括

一、企业基本信息

（一）企业创建背景

宁波长禾古智能设备有限公司的前身是宁波长禾古自动化科技有限公司，该公司于 2015 年 12 月 10 日正式成立。为了实施公司自主品牌战略，公司于 2017 年 6 月 16 日更名为宁波泛星智能办公设备有限公司。公司已注册"泛星"品牌。为大学生自主创业标杆企业、创新型示范企业，设有 1 个研发中心，1 个模具开发制造中心，拥有自主专利技术 12 项。该企业致力于利用先进的科技创新出便携式的显示器框架，如图 7-1 所示，同时也在不断扩大其在人体工程学的办公家具方面的应用范围，这些产品已经被应用于多项轨道交通、航空运行、电力供给、公众安全以及其他各种智慧型的城市建设项目。

（二）企业所在位置

公司位于宁波北仑经济技术开发区。依托北仑大碶模具特色产业集聚区的优势，借助该区北仑模具技术服务中心与北仑工业设计促进中心科技平台研发产模块化产品。同时该区还拥有模具生产精度高，模具供应链完整的基础，支撑了公司所研发产品能快速批量生产，稳定性和效率较高。

图 7-1　智能办公支架及办公室产品应用场景

二、主营业务情况

（一）主营业务

公司的核心业务是开发、制造和销售人体工程学家用设备，公司的目标是通过这些产品来改变人们的生活和工作方式。公司的愿景是通过创新和组合产品，为消费者提供舒适、健康、安全且高效的人体工程学产品。现阶段，公司的产品线主要包括人体工学大屏支架和人体工学工作站系列产品。人体工学工作站系列产品则主要涵盖电脑支架、升降台、升降桌等。公司产品在日常生活、商务环境中得到了广泛的应用，同时也被应用在智慧城市、智能工厂、医疗、金融、IT、电竞等多个专业领域。多年的努力和积淀使得公司在国内的人体工学家具行业中崭露头角，并且构建起一套包括市场研究、产品规划、开发设计、SCM、生产制造、渠道搭建、品牌推广及售后服务在内的完整价值链业务模型。"泛星"品牌已经初步得到市场认可。

（二）主要产品

目前，公司的产品线主要涵盖了人体工程大屏幕支持设备，以及相关的人体工程工作站系统。其中，人体工程大屏幕支持设备的种类主要有两种：功能型和基本型。而在人体工程工作站系统中，公司的产品线则涵盖了电脑支持设备、显示设备支持设备、升降平台及升降桌，在各个行业中得到了广泛使用。

三、生产

公司具体生产环节起初是通过委托加工形式完成，后与工厂签订了长期战略合作协议，为产品生产提供强大保障。通过委托加工这层合作关系建立模块化生产链条，大部分工厂都分布在模具产业发达的宁波市北仑区模具基地，基本上都具有十几年的生产经验，大多都采用先进的 CAD、CAM 技术，具备成套模具的设计和加工的能力。

四、营销

（一）市场区域定位

研究机构 Research and Markets 最新发布的报告显示，未来五年全球智能家具设备和服务市场将每年以 8%～10%的速度增长，预计未来几年全球智能家具市场将迅速扩张。智能家具设备将在未来两年内逐步推广，消费量将迎来峰值。

1. 国际市场区域分布

全球范围内，智能家具的需求呈现出不平衡的状态。北美、欧洲等经济繁荣的国家与区域的智能家具产业起步较早，人体工学的理念也更早被广泛运用于家具与办公设备的制造与研发之中，使得这个领域市场竞争力更强，发展也更成熟。南美洲、中东，以及亚太地区等新兴区域，拥有极其丰富的成长空间以及迅猛的扩张势头。随着新兴市场经济体的持续壮大和健康消费观念的深入人心，这些新兴市场国家也将逐渐转变为人体工学产品的主要消费区域。

宁波长禾古智能设备有限公司的产品目前主要销往国际市场，市场分布于大洋洲、北美、欧洲、中东和亚洲新兴国家。

虽然目前欧美发达国家的销售市场比例很大，但其他市场如韩国、印度、伊朗、阿拉伯酋长国等东南亚及中东一些国家仍存在一定的发展空间。

2. 国内市场区域分布

随着国内智能家具产业和电商产业的日益发展，智能家具市场的蛋糕越来越大，可差异化营销的产品越来越多，公司的市场经营策略从原先的以"国外市场为主，国内市场为辅"到以"国外新兴市场和国内市场并重"的经营模式转变。目前，我国的智能家具制造业长期以来都处于地域性的集中发展状态。

在国内经济发达的东部地区，消费者的消费水平和理念相比于其他地区要更接近发达国家，对于"人体工学""健康办公"等理念更容易接受，专业人才更集中，相关产业的制造技术更先进，电商经济的交通基础更便捷。所以，案例公司的国内目标市场是以宁波为立足点，借助宁波独特的地理优势，以宁波为销售中心向四周扩散，占据浙江市场后，再从浙江出发，到长三角地区，乃至全国。

案例公司的产品在浙江省的销量最多，在浙江已经有了一定的市场基础，还拥有广阔的前景。另外，排名靠前的几个省份都是东部沿海城市，经济比较发达，对于人体工学家具的接受程度较高，公司的产品比较容易打入市场，该销量排名也从侧面印证了公司营销战略将重心放在了东部沿海经济发达地区的正确性。重庆、陕西、湖北等中部地区销量排行并没有很突出，但是作为中部城市，并没有沿海城市那么好的内外部环境下，智能家具行业的发展相比之下比较滞后是意料之中的，这也启示了公司要时刻注意中部市场这块有待开发的市场新区。

（二）目标市场细分

公司致力于利用创新的人体工学产品改善人们的生活和工作模式。通过对产品的整合与创新，向消费者提供了健康、高效、舒适且安全的家具及办公产品。这些产品涵盖了人体工程学大屏幕支架和人体工程学工作台，并在日常生活、办公，智能城市、金融、IT、电子竞技等众多专业领域得到了广泛的应用。

2024年3月28日，戴德梁行发布年度报告《大中华区写字楼供应/需求前沿趋势》。报告显示，截至2023年第四季度末，大中华区21个主要城市核心商圈的甲级写字楼市场存量总计约6819万平方米；全年市场净吸纳量总计约161.7万平方米。高端办公在国内的需求处于旺盛增长阶段占比较高。众所周知，这两个行业对办公设备的数量和质量投入也是比较高的。而且互联网和金融公司对信息处理的效率要求很高，而公司的产品不仅能提高使用者的工作效率，还能缓解使用者长期在电脑前工作带来对身体的危害。在市面上同类产品的生产者数量本身就不多，所以在这一块细分市场上，公司的竞争优势十分明显。

五、产品应用情况

公司的核心产品在大多数应用在不同的商务办公环境中，包括商务办公、事业单位的服务窗口、智慧医疗、智慧城市的指挥中心等。

（一）办公领域

案例公司的电脑支架、升降桌、升降台等一系列人体工程工作站产品，通过创新和融合，旨在改变用户的常规办公环境和方式，使他们能够自由地进行坐、站、动的各类姿态切换。这些产品专门针对职场人士普遍面临的颈椎病、腰椎病以及长期坐着导致的腰部赘肉、消化不良等亚健康状况进行改善，提高用户的办公舒适度同时提高工作效率。

（二）生活领域

案例公司的人体工学大屏幕支架设备已经在最初的静态支撑功能的基础上不断改进，目前发展到可利用机械和电子技术达到支架自我悬挂、垂直运动、多视角调整、多面积旋转等各种定制化功能，这不仅成功地节省了空间，也为使用者带来了舒适且安全的视觉享受。此外，借助于人体工学设计的家具产品的整合使用，使得消费者能够在使用屏幕的同时，便捷地实施个性化和零散的办公和个人锻炼，一个产品即可满足了多元化的需要。

公司的升降桌系列产品采用了智能电子控制技术，可以进行运动管理和高度调节，以此满足各种身材、各种坐姿的使用者的舒适感需要。这种设计也可以适应青少年在生长阶段脊椎的正常发展所引起的身高差异，并且可以通过换位使用，减轻长时间维持一个固定姿态对人体健康的影响。

（三）专业应用领域

在智慧城市、智能制造、医疗、金融、IT、电子游戏等各个专门领域，对人体工学设备都有着普遍的使用需求。这些对人体工学产品的需求不仅涵盖了数据的迅捷采集的基本要求，还有针对不同行业的独特需求，如指挥医疗对数控支架的需求、电竞行业对多屏互动支架的需求等。长禾古企业专注于依照各个专业领域的独特性，提供生产力提升的专业化解决策略。

六、核心技术及研发情况

（一）主要核心技术及来源

在公司的关键核心技术中，弹簧驱动的自平衡悬挂技术和自动连续冲压制造技术是通过引入吸收进而模块化创新获得，而其他的则是通过原始创新获得的。

1. 弹簧助力

通过应用自平衡悬浮技术，案例公司生产的产品可以在不依赖其他工具的情况下，轻易调整显示器的位置与倾角。将显示器移动适宜位置后，便可维持其姿势悬停状态，进一步改善屏幕观看舒适度。此项技术的特色在于通过理想气体状态方程和结构力学分析，建立目标函数，同时借助电脑的优化设计方法，根据不同产品的构造属性和应用要求，推算出弹臂的尺寸和气弹簧的相应参数的比例，从而保证在可操作的区间内，能承受稳定的载重。同时，其调节方法既简单又方便。经过精心的编程，可立即获取最佳的弹簧臂的结构参数，显著地节省了开发时间，同时也消除了对稳定负荷的不确定因素。这项技术已经被应用于案例公司多款功能支架和升降台等多样的自动平衡辅助产品中，并且深受市场的喜爱。

2. 倾角自由悬停技术

在一般的人体工学支架的设计过程中，经常会借助球头关节的滑动来进行倾斜的调整。然而，由于摩擦表面的正向压力无法被精确控制，加上摩擦表面的磨损可能会使得各种产品的摩擦力变得不稳定或者变得松散，这就可能会使得支架所支撑的屏幕角度定位出现偏差或者不够坚固。而长禾古公司的技术利用了多连杆结构，这样在调整悬挂臂的倾斜角度时，被负载物体的重心高度几乎没有改变，也就是说，在调整过程中，抵消了重力的作用，因此，这个结构在调整范围内的任何倾斜角度下都保持稳定，调整起来既轻巧又流畅，而且产品还非常轻薄。

3. 电动遥控技术

电动遥控技术仅需用户的手指操作，便能对显示器的屏幕进行位置与角度的改变。所有的电动悬挂系统的组成元素均采用直流电机进行推进，最大功率可支撑三个关节的全自由度遥控，并且在规划的区域内达到完全的自我管理，而核心元素则依赖于双臂双电机的构造，进行显示器的延展与旋转的调节。CPU 作为主控的电子设备，具备红外遥控、智能学习、超负荷防护、自动警告、定位指引等多维度功能特性。此类科技已成功融入指挥城市和医疗的人机交互式电子墙面支撑系统。

4. 桌面升降技术

这项技术是一个看似"X"型剪刀设计的桌面升降技术，它能够满足人们在坐下和站立之间的自由切换需求，并且利用气动弹簧来增强其稳定性，因此受到了广大消费者的热烈欢迎。交替式办公法被认为是一种创新且健康的办公模式，特别适合在公司办公区、家中、个人的阅读区、图书馆、学校等需要频繁运用计算机的环境。这种模式鼓励大众采取交替的办公姿势，通过身心的平衡与舒缓，从而达到更好的工作效果，同时对身心健康也大有裨益。

5. 自动连续冲压生产技术

案例公司广泛运用了连续冲压和模内冲压的方法，能够在一个特定的冲压时间段里制造出稳定合格的冲压产品。这种方法使得许多冲压步骤都能够在一个模具里进行，从而达到了非常高的生产效率，特别适用于中、小件的自动化冲压制造。而针对大规模的平板冲压件，公司则使用了由多个压力机构成的自动化冲压流程，并通过机器人来进行工序件的转移，这样的方式使得产品生产效率超过了单一工序工程模冲压的 5 倍，同时，由于冲件的良好率提升，这也显著增强了产品的市场竞争优势。目前，案例企业已经成功地进行了全部的连续冲压模具的独立开发。

（二）研发情况

长禾古公司始终注重对科技的不断开发和储备。致力于推动业务的增长，并且坚持研发持续投入，其中的研发成本在营业收入中所占的份额也相当高。公司始终关注科技的创新，并已搭建出满足市场经济要求的创新架构及其操作流程。公司的目标在于通过完善的研究开发体系与科学研究体系，来提升市场竞争优势。公司的研究开发中心拥有产品策划与设计部门、技术开发中心及模具开发中心三部门架构。新产品研发部门负责新产品的开发、包装设计、产品评估、专利认证等任务；技术部门负责新产品的工艺流程、工装步骤设计，以及与制造部门的连接指导；产品策划设计部门负责收集产品最新的市场需求信息，分析产品的发展趋势，并向产品研发部门提供设计思路；针对企业不同产品的构造、形状、特性等要求，模具团队设计了企业产品必备的冲压、铸造、塑料零件等模具。同时，他们也向制造团队提出了针对实验模型过程中出现的问题的高效处理策略。公司研发流程如图 7-2 所示。

长禾古公司在市场导向、绩效为先的观念指引下，积极推动技术团队和管理团队进行新产品的研发、使用新材料、新工艺等进行技术革新，以此来持续提升生产效能，增强公司的科技实力和工艺水准，优化产品质量，推动公司的长期发展。以下是详细的发展策略。

① 公司在已有的研发框架内，不断改进研发团队的结构，创造高效的操作方法，制定符合现有基础的技术研发进步战略与规划，继续加大对科研的投入。坚持每年将至少 3%的销售利润拨付给研发部门，保证研发资金充裕和及时到位，从而给予科研与开发足够的资金援助。

② 公司积极与高校和科研机构进行合作。目前已经与高校建立了两个产学研的战略联盟，在科技决策和咨询、重大技术难题的解决、科技成果的

产业化、企业人才的培训等领域展开了战略性的合作。公司将充分利用这种外部合作模式，大力推进技术联合开发的工作，以提升自身的技术创新能力。

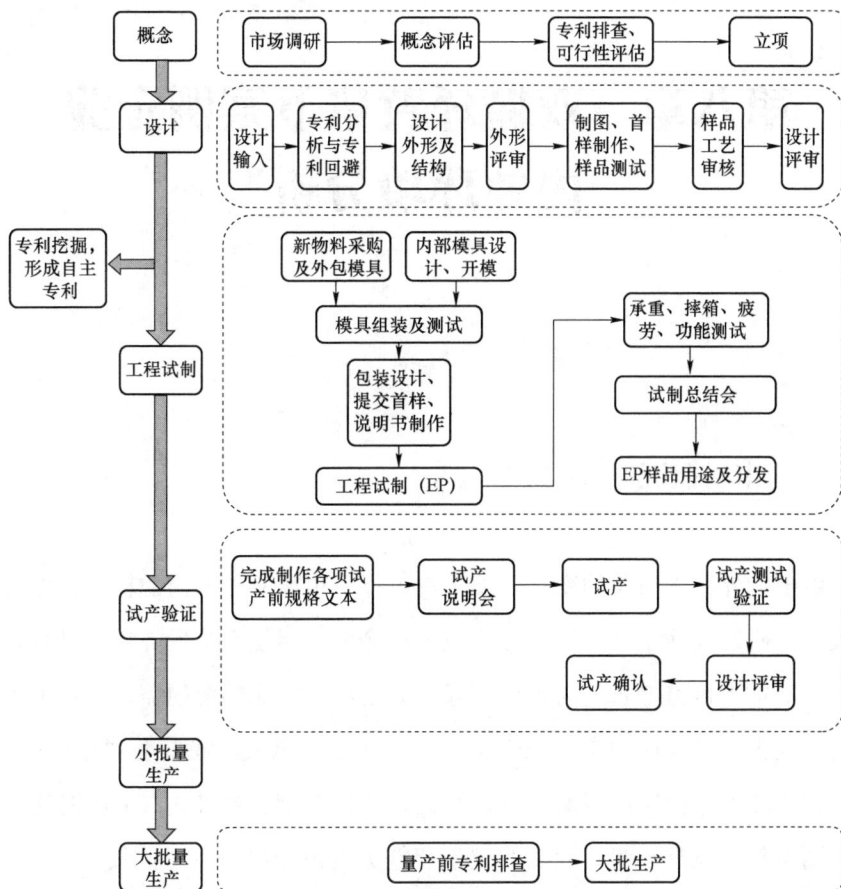

图 7-2　公司模块化创新研发流程

③ 优化招聘人才的策略，尤其是对高层次人才的吸纳，以此为公司的科研活动注入新的动力，将人力资源视为最优先的资源，进行有效的开发和使用，积极构建一个尊崇知识、尊崇人才、重视人才的企业文化环境。构建一个科学且严谨的专业技术人才筛选体系，以此来塑造合适的企业人才结构，并为他们创建优质的发展空间。

第八章　双循环背景下案例企业内外环境分析

一、市场概况

由于世界经济形势的变化，长禾古进行了市场从外到内的转型。作为一家致力于研发人体工学与智慧办公设备的企业，即使面临世界市场动荡，但在国内消费者日益增长的对健康、舒适的生活及职业环境的需求，其市场仍然潜力巨大。《"健康中国2030"规划纲要》的正式发布意味着"健康中国"已经正式转变为国家的战略方向，然而，我国的健康产业占GDP的比例较低。面对新的发展形势，我国的健康智能家具市场也在飞速扩张。

伴随着我国的智能家具行业及电子商务的持续壮大，智能家具领域的市场份额不断扩大，具有差异化营销特性的产品也在增加。长禾古深知其在中国拥有广阔的市场潜力，因此，公司的营销策略已决定将"主攻海外市场，辅助本土市场"的策略改为"同时关注海外新兴市场与本土市场"。

借助科技创新和结构调整，长禾古的智能家具产品为消费者带来了更加健康、高效的人体工学家具环境。人体工学产品的目标是颠覆消费者的常规办公及生活方式，其主要特点是通过对家具设备的多样化设计及配置，以适应消费者的多元化、零散的办公及居家锻炼需求。通过有效的空间改造，给予用户一种舒适且安心的居家享受。据中国智能家具行业协会 CSHIA 于2023 年发布的《中国智能家具生态发展白皮书》显示，2016—2023 年间，我国智能家具市场规模由 2 608.5 亿元增长至 7 157.1 亿元，年均复合增长率达到 15.51%。根据统计，未来五年，智能家用电器的总体消费量预期会达到1.5 万亿元。

二、行业状况

（一）所处行业

长禾古公司所处行业类别是人体工学家具，根据行业分类指引公司可以被归类为"C21 家具制造业"。与传统的生活和办公家具不同，公司的产品研发设计紧密围绕人体工学理念，除了需要考虑环境设计、外形设计、材料性能等因素，还需要考虑消费者的人体生物力学结构、行为认知习惯等因素。构筑一个舒适、健康、安全且高效的生活和办公环境。因此，公司所在的行业是家具制造业中的人体工学应用的细分领域，这是一个快速发展的新兴行业。

（二）行业发展概况

1. 人体工学家具行业概况

中国人类工效学学会对"人体工学"做出了清晰的解释：就是研究人类与工具、工作场所之间的相互影响的学科。借助于恰当的人类工效学设计，能够避免身体的频繁疲惫和其他的肌肉与骨骼问题，从而更好地维护人类健康，加强工作的安全，并且提升工作的满足感与工作效益。在国际上，人体工学的理念已经被广泛引入产品生产制造领域，现在已经进入了一个相对完善的发展阶段。其应用领域已经覆盖了所有与人类活动相关的领域，如办公用品、家具用品、服饰、手工制作的器械、装置、建筑、室内设计、交通工具、太空设备等。美国、欧洲等先进国家及地区人体工学办公家具市场相当完善，目前这一观点已经得以普遍应用于日常家具及商务家具的制作过程。然而，我国的家具行业对此观点的实施相对落后，目前主要集中于桌子、TV机、床垫、娱乐健身设备等家具产品上。伴随着公众对于健康、宜居的生活与职场环境的日益增长的期待，人体工学家具领域的发展势头强劲。由于未来健康生活理念逐步提升，加上中国消费者对于人体工学家具的了解加深，以及购买习惯的形成，利用人体工学原则来设计和制造的家具产品的市场需求潜力巨大。

2. 行业趋势与发展前景

未来，大健康行业有望进入其繁荣阶段。健康办公和舒适生活的需求，这些与人们的日常生活和工作紧密相连的因素，将成为大健康产业发展的主要焦点。人体工学家具行业也将面临着巨大的发展潜力，未来人体工学家具产品的应用范围和场合也将变得更加广泛。

（1）健康办公领域的应用前景

在健康办公行业，现在人体工学设备的使用主要包括人体工学电脑支架、站坐交替办公系统，以及运动健身器材。这些设备不仅增强了办公设备的实际作用和延展功能，同样也恰当地迎合了近年来公众对于健康办公的期待。由于全球的办公家具需求不断增长，人体工学家具在健康办公环境中的应用越来越广泛。近些年，颈腰椎疾病的年轻人数量正在逐渐增加，甚至已经变得是长期从事计算机操作的白领阶层的一种普遍疾病。随着公众对健康办公的需求不断提升，人体工学的家具设备在这个领域的使用也越来越普遍。

① 人体工学电脑支架

我国较多行业在办公过程中使用电脑，因此人体学的工电脑支架产品拥有巨大的市场前景。随着公众日益关注健康和效率，未来这类产品的消费者群体将会进一步扩大。欧美等发达地区的对于办公的健康关注度极高，并且成为全球的重点用户。伴随着人体工学的观念日益普遍，加上公众对于健康生活的追求，预计未来的电子产品市场将迎来众多的人体工学电脑支架的采购与更新需求。

②　坐立交替办公系统

多项权威的医学研究已表明长期坐立会给人的健康造成严重问题。美国癌症学会曾有一项研究数据显示，与每天不超过 3 小时坐着的人相比，每天坐着工作超过 6 个小时的人寿命会减少 37%。美国南卡罗来纳大学的研究也证实，与每周不超过 11 小时坐着的人相比，每周长时间坐着超过 23 小时的人，心脏病突发死亡的风险会提高 64%。德国雷根斯堡大学的一项研究显示，若每日久坐 2 小时，患上肺癌的几率将增加 6%，患上结肠癌的几率将增加 8%，而女性患子宫癌的几率则会增加 10%。迈阿密大学人类工程学研究中心的一项研究也指出，长期坐着不做运动，可能会对血液循环造成不良影响，并有可能导致肥胖、记忆力衰退、颈椎病、食欲减退以及消化系统的问题。人体工学的升降桌、升降台等的坐立交替办公系统，可以依照使用者的身高和姿态来调节其高度。另外，智能休闲健身车和桌边健身车可以满足人们在办公的过程中骑行的需求，有效地利用了零散时间，让人们在工作的同时也能做到适当的健康锻炼。保持身体健康，摆脱亚健康状况。由于人们对于健康舒适的职业生活和居住环境的需求越来越高，人体工程学的家具产品也得到了更多的重视，展现出巨大的市场潜力。

（2）在智能家具领域的应用前景

随着人工智能、5G 等技术的快速发展，智能家具行业呈现高速发展的态势。根据中研网的统计，欧美等先进国家的智能家具使用率已经突破 34%。近些年，中国的智能家具市场在全球范围内的份额持续提高，年度增速也在逐年加快。另外，伴随中国消费水平的持续提高，家庭智能化的潮流势不可挡，未来预计会诞生一个超越千亿元的市场空间。"以人为本"的特质使得人体工学的家具产品在智能家具行业中得到大量运用，从而给消费者带来一个健康、宜居、安全且高效的智慧生活空间。

在智慧家具领域，电视屏幕放置、布置和调整模式已经从基础的静态模式扩大到动态模式，其造型设计更加注重轻巧、流畅、美观、舒适和便捷，从而达到显示器的有效负荷、多个角度的调整、超大屏幕的展示、空间的最佳利用，并且还可以满足舒适坐姿、较好视野等需求。

最近这几年中国市场的智能家具产品销售也呈逐年上升的态势，升降式书桌、学习桌和升降式茶几等桌椅设备在中国的家庭中得到大量使用。特别值得一提的是，那些具有升降功能的儿童学习桌，它们的尺寸可以随着儿童的年龄增长而进行适当的调整，这样就有助于避免因为书桌的高度过低而对儿童的成长造成负面影响。因此，人体工学的家具产品在智慧家庭领域拥有巨大的发展空间。

（3）在专业领域的应用前景

在日常生活与商务环境下，人体工学的家具设备不仅被家庭普遍使用，而且也在智慧城市、智能制造、医疗保健、金融服务、IT、电子游戏等多个专门领域得到了运用。这些领域都对迅速收集与处理数据提出了更高的需求，同时，对产品的技术水平和稳定性的要求也更为严格，因此，它们已经形成了人体工程学家具设备行业新的发展方向。

① 智慧城市

借助信息和通讯技术，智慧城市系统能够检测、解析和整合城市运营的关键系统的所有重要数据，从而满足公众的生活、城市服务、商业行为、环境保护、公共安全等多元化需求。在智慧城市的构建过程中，人体工学的家具产品可以被广泛应用于诸如轨道交通、航空调度、电力能源、公共安全等与日常生活息息相关的领域。现在，智能化城市的建立正在由理论引领阶段转向具体的开展与建造环节。随着智慧城市的飞速崛起，各种综合运行指挥部门的数据整合、快速响应以及全面处置的技术水平也必须达到更高的标准。借助于人—机—环境的融合，人体工学设计的家具产品可以为智慧城市相关的使用者提供优质的工作设备及办公空间，从而显著减轻他们的疲惫感，增强他们的工作效益，并且可以显著加快紧急响应的速度，并提升他们的灾难处置技巧。所以，伴随着智能化城市的飞速进步，人体工学设计的家具产品也会被大力宣传并实施。

② 金融

依据中国统计年鉴的数据，中国金融业的从业人员数量始终保持稳定的增长。银行、证券、保险等金融企业都已经成功地采取了数字化与信息化的运营模式，该领域的人们普遍使用电脑、笔记本等电子产品，一些职员甚至需要安装多个显示屏以便更好地掌握各种市场变动。另外，由于金融业的工作压力较大和经常需要加班，这个行业的从业人员往往会患有如颈椎病的办公室常见疾病。因此，在金融界，人体工程学产品具备极其广阔的应用前景。

③ 电竞

由于人们的经济状况的提高和互联网的普及程度的增加，一种名叫"网咖"的新式网吧出现在人们的视野，其目标是提升用户的使用体验，并且这种网吧也在不断地走向多样性、合法性、连锁性。随着国家监督机构的放松网吧规定、取消了许可证，并且大力促进了网吧行业的变革，加上电子竞技行业的繁荣，"网咖+电竞馆"这种业态新模式将会迅速崛起，并且对于主要由年轻一代组成的消费者拥有很大的吸引力。"网咖+电竞馆"的发展趋势，强调了其在舒适性和消费高端性的表现，这种趋势对于显示设备的合理负荷、多角度的调整、大屏幕的延展、桌子的空间利用率和满足人体工程学原则的舒适座位视觉效果都有着严格的标准。而人体工学的家具产品正是这个特定领域的必备之选，所以，电子游戏行业的飞速进步，也给人体工程学家具产品的普及创造了极佳市场条件。

④ 医疗

在医疗界，人体工学的家具产品拥有巨大的使用潜力。目前，这些产品的主要使用场合包括为医疗设备和显示器提供支持、医疗推车，以及为医护人员和老年人提供的辅助行走和站立的设施。

三、行业竞争状况

（一）行业竞争格局

1. 国外人体工学家具行业竞争状况

在北美、欧洲等地区，由于其经济的快速增长，对于办公环境的保护问题受到了大众更多的重视。这些地方的人们普遍将人体工学观点融入家具及办公器材的研发与制造过程，从而使得该领域的技术不断完善，同时其市场竞争力也更强。南美洲、中东及亚太地区都是新兴的商业领域，其发展空间巨大且增长势头迅猛。伴随着这些新兴的商业实体的持续壮大，以及人们对健康生活方式的深入接触，这些地区未来也会变成人体工学设计的主要商品销售地。全球的人体工学各种展会正显示这个行业繁荣的进步。ErgoExpo，一个在 1994 年成立的美国展会，如今已经发展为全美最大且最关键的人体工学展览会。每年，数以千计的全球顶尖人体工学家具产品都会在这里展出，以此来提升公司的品牌影响力。此外，美国的 CES、德国的 ORGATEC、德国的 ISPO、中国的广交会以及家博会等，均为国际上的人体工程学家具领域提供了一个专门的平台来宣传新的产品与品牌。美国 Milestone 公司与美国 Ergotron 公司是全球最大的人体工程设备生产商，他们在平板电脑的负荷设计方面取得了重大进展。丹麦 Linak 公司、美国 Humanscale 公司、美国 Varidesk 公司分别专注于升降式办公桌与升降式台面设备的生产，而美国 Lifespan 公司则专注于智能健身车的研发。这些企业的商品与品牌已经获得了大众的认可，它们的商品内容十分多样，具备显著的竞争力。他们在传统的超市和电子商务平台上的市场份额相当大。

2. 国内人体工学家具行业竞争状况

相较国外的人体工学发展状态，我国的人体工学家具领域尚在发展的初期，大致处于从 OEM 和 ODM 模式进入 OBM 模式的发展阶段，大部分制造商依然在产品上有着高度相似，而且产品大多属于科技水平不高、对人体工学的运用不够深入的中低端产品，并没有建立起自己的品牌。在这个过程中，一些早期建立的独立品牌以及拥有足够的产品研发和设计技术的公司，已经获得了在中高端市场上的重要地位，其盈利水平也比较可观。由于消费者的品牌认知提升以及对安全生产的关注度增长，消费水平的提高会推动更多消费者购买中高档人体工学家具。目前，我国的人体工程学家具行业有许多领军公司包括浙江捷昌线性驱动科技股份有限公司、昆山泓杰电子股份有限公司，以及宁波渠成进出口有限公司等。目前，长禾古的公司在中国的人体工学家具行业中显示器支架领域具有一定市场地位。目前公司也开始进军如坐立交替办公系统和办公健康产品等行业。

（二）行业进入壁垒

1. 知识产权壁垒

目前，我国的人体工程学家具制作商在整个技术层次及开发实力方面，都比美国等先进国家稍逊一筹。这个领域的中高档产品普遍存在过度的同质化，而且其产品的附加价值以及盈利能力都不尽如人意。一旦国内消费者对人体工学以及空间设计有了更深入、全方位的理解，他们对人体工学家具的需求肯定会逐步增大，大家都期待得到更有效地解决办公健康问题的产品，希望获得更易操作，用户体验更佳，甚至可以进一步定制的产品。所以，制造人体工学家具的公司的产品设计、开发、科技实力、专利保障和产品质量规范，都会影响其是否能持续生产出符合消费者需要、创造独特的竞争优势，从而在市场上赢得份额。随着技术的进步，无论是进传统国际贸易还是跨境电商，都对产品的专有技术、规范性等方面设置了更严格的标准。所以，若公司希望在该领域获得某种程度的市场份额和影响力，就必须具备强大的全面创新实力以及健全的企业知识产权防护机制。

2. 品牌知名度壁垒

作为一个新兴的领域，人体工学家具制造业的消费者对于商标的理解已经开始慢慢建立，而商标的知名度与声望在极大程度上影响他们的购买决策。目前，我国的许多同类型公司还没有建立起自己的商标，因此，消费者对这些公司的了解程度不是很高。市场上只有为数不多的人体工学产品制造企业凭借提前创建的独特品牌获取了领先的地位。这种情况导致新的行业参与者在相对较短的时期里很难构筑出对终端用户的品牌理解。要建立客户对产品的忠诚度就必须学习这些品牌的的生产和品牌营销的策略，筑起自己品牌的市场形象。

3. 渠道壁垒

在人体工学家具领域，采购者通常会选择与制造商建立持久且稳定的战略联盟。尽管海外的人体工学家具行业已经相当完善，但如果中国公司的产品想要进军海外市场，还需要通过品牌商、批发商、大型连锁超市等流程。这些大客户对供应商实施了严格的评估和验收流程，能够通过这些流程进入海外市场的中国公司仍然很少，从而在一定程度上形成了进入海外市场的渠道障碍。从另一个角度看，构建一个健全、全面且高效的市场营销网络，不仅需要公司长期的积淀和对人力物力的不断投入，还需要相应的科学管理体系和信息化管理系统的辅助。再者，伴随着电子商务的飞速进步，线上销售已经变成了该领域的主要销售路径之一，公司通常会选择自主创建电商平台或者利用第三方平台进行产品销售，但是，线上直营平台需要大量的前期投资和后期的维护管理。对于非直接运营的商店，其运营管理需要与平台供应商保持紧密的交流和协作，这都需要投入一些时间和资源。因此，销售路径也是在行业立足的关键障碍之一。

4. 产品认证壁垒

在人体工学行业，市场对于商品的品质与安全性设定了严格的规范。只有符合相关标准，商品才可以走向美国、欧洲等重点国家或地方的市场。若产品打算在海外的实体店铺销售，那么它们需要经历沃尔玛、家乐福等大型连锁超市的审查步骤。这些国际级大型连锁超市的审查步骤及审核标准更为严格，在实际情况中，这形成了进入该行业的产品认证障碍。

5. 人才壁垒

在设计人体工学家具产品时，产品的研发需要将消费者行为学、生物力学、机械工程、工业设计、美学等多个领域的知识进行整合和应用，这对产品设计师的跨学科知识、信息接收和处理能力提出了极高的要求。目前，我国的人体工学家具产品的专业研发设计人才相对稀缺，尤其是在知识产权保护意识日益深入，行业竞争正在由混乱转向规范化的阶段，对市场和消费者需求有深入理解，并且拥有多学科和跨领域知识的专业产品研发人才的储备更为紧缺。随着公司对专业技术人员的需求日益增加，人才之间的竞争也变得愈加剧烈。新加入的公司在培育和储备相关的研发设计人才方面存在不足，很可能会遇到人才短缺的难题，因此，人才的障碍是新加入者必须应对的行业障碍之一。

（三）行业技术竞争要点

1. 设计研发能力

随着公众对健康生活日渐增长需求，他们对人体工学以及空间优化的理解与认知也日益深入。为了满足公众在健康、舒适、安全、高效等各个层面的需求，人体工学家具制造商必须拥有强大的设计与研发实力，以便能够持续推出满足公众需求并且符合消费升级潮流的创新型产品。

2. 模具制造工艺

在工业制作过程中，模具扮演了关键的角色，特别在人体工学的家具产品生产过程中，模具设计与制作的标准会对最后的产品产生深远的影响。模具的优劣直接关系到产品的优劣及其生产的效益。目前，许多行业的公司主要通过委托专门的模具制造商来使用这些模具，仅有少数的行业翘楚拥有独立开发、生产相关模具的技术。

3. 生产制造技术

尽管中国的人体工学家具产业开始的时间不长，但是产品的生产质量及产品的精密程度提高速度很快。不过，随着该产业的制作流程逐步从海外迁入中国，少数卓越的公司已经在整体性能、产品革新以及技术手段上获得了一些国际竞争的优势，同时也在生产的自动化、智能化、大型化、安全环保等方面占据了领导地位。

四、行业竞争优势与劣势

多年来，长禾古一直致力于人体工学家具的研究与开发，目前在这个领域中享有一定的声誉和竞争力。从 2019 年下半年开始，长禾古开始在全球范围内推行自己的品牌策略，并且对其产品和业务进行了人体工学的运用及专利化策略改革。企业持续设计和开发人体工学家具产品，并且积极地向国内外申请专利保护，以此来满足客户的需求，同时也构建了自己的竞争壁垒。在另一个角度来看，公司的产品线已经从主要依赖于大屏幕显示支架的单一模式扩展到包括人体工程大屏幕支架、电脑支架、升降平台、升降桌、桌边健身器材等多样化的产品组合，这样就能够为消费者提供更加高效和全面的人体工学家具产品。

（一）竞争优势

长禾古公司在市场研究、产品创新、产品研发设计、大规模生产、质量控制、销售渠道、品牌塑造等价值链环节的具有一些特定优势，使得其在产品设计、功能和质量上得到用户的广泛认同。

1. 全价值链业务模式优势

通过近 10 年的市场耕耘，公司已经构建了一个涵盖市场调研、产品策划、产品研发设计、SCM、生产制造、渠道建设、品牌推广及售后服务的全方位价值链业务模式。通过各个部门和团队的合作和资源共享，以人体工学应用和满足客户需求为核心，结合信息化工具，成功地对各个业务环节进行了整合。在产品设计和规划阶段，公司的团队运用大数据分析和语义分析等手段进行深度探究，全方位理解用户的痛点和需求，确定市场走向，推出具有竞争力的产品。在推广阶段，利用全球范围的大型展览、电子商务平台和品牌代理商等途径，向所有的客户展示产品特性。此外，公司还把客户的最新需求反馈给技术团队，以便他们能够即刻掌握国际市场的最新消费趋势。在售后服务环节，公司为客户提供了全面的运输、安装、调试服务，并设立了合理的退换货流程。此外，售后团队也会持续与客户保持交流，并将客户的体验和感受及时反馈给技术研发团队，以便持续优化产品。借助集合品牌塑造、开发、生产、营销以及售后支持的完整价值链方案，长禾古已经完成了由传统的制造商向具有科技革新性的智能化制造商的转型，加快了对市场需求的响应力以及新产品的上架速度，形成了公司的主要竞争力。

长禾古在全面的价值链规划下，已经初步占据了成本领先地位。这种优势能够通过改善物料流程、信息流程、改变生产流程，并且在生产工艺上进行革新，从而增强成本管理能力。为此，公司还特别设立了一个由生产制造部门、技术研究部门、模具中心共同构建的成本优化团队，并且公司每个月都会举办一次成本优化的会议。生产制造部门根据实际情况给出改进意见，然后由研究中心进行修改，同时由设备开发团队和模具开发团队来改进生产工具和模型。技术开发团队在新产品的开发过程中，始终遵循零部件的规范化，对那些没有添加或者只有很小的零部件的设计方案给予表扬，同时也会通过成本优化的会议来听取生产制造团队的意见，进一步改善设计，减少制作的开销。

该公司的全面价值链策略使其具备超越国内竞争对手的盈利实力，它构筑了一个覆盖产品规划、最后一站至客户的完备的价值链，这个价值链位于微笑曲线的两侧，也就是说，它的设计和市场推广部分具备较高的附加值。该公司在设计阶段强调产品的实用性、创新性，以此来满足并深入探索客户的需要；而在市场推广部分，它着眼于自身的品牌宣传，以及网络和实体的渠道搭建，以此来指导客户对于产品的理解和使用需求。这将提升企业的收益水平。

2. 经营团队和管理理念优势

公司核心管理团队稳定，较大比例成员都是与公司实际控制人一起创业5 年以上的创业伙伴。公司倡导"以人为本"的企业文化，注重社会责任与安全生产，关注员工的个人利益并帮助其实现自身价值，公司通过了商业社会标准认证。公司重视员工培训，在公司的内部平台上建立了学习园地，储备了大量视频和资料供员工学习；每年会派遣公司中层以上管理人员去浙江大学等国内知名高校和宁波当地专业院校进修学习，提高中高层管理人员的管理水平。

3. 知识产权综合优势

多年以来，长禾古一直在注重打造自己的品牌并注重公司的研发投资，并且已经获得了 GB/T 29490—2013 的知识产权管理体系的认可。目前，中国许多人体工学家具公司还是主要依赖 OEM 和 ODM 的经营方式，缺少自有的品牌。然而，长禾古从创立伊始就注册自己的自主品牌。公司非常注重用户的需求和价值，坚持以产品质量为基础，不断推动自主品牌的建设，以提高公司品牌的知名度。公司致力于人体工学家具的研发、运用及创新，同时也不断对显示器支架、站坐交替办公系统、健身办公桌等领域进行投资，从而提升市场开发能力。

4. 产品优势

第一，企业通过对产品的深入研究，形成了独特的市场竞争力，从而使其具备了相当的附加价值；第二，企业借助扩大产品范围，成功地减少了运营的不确定因素，从而增强了其业务的持续性。卓越的产品质量构成了企业赢取顾客信赖和被顾客接受的根本。从成立之初，企业便将质量视为公司的生存与进步的基石。作为一个高科技公司，公司的产品已经逐步通过 ISO9001 质量管理体系和 ISO14000 环境管理体系的审核，并且成功地取得了 UL、GS、3C 等多项认证。

5. 营销网络优势

为了满足消费者的使用感受与购物欲望，公司已经构筑起涵盖国内外、涉及线上和线下的综合销售路径，并依照这些路径，成立了专门的业务部门，并且组织了专业的销售团队。在国内的网络市场，公司利用 M2C 的直接运营和分销策略，向消费者宣传公司的商品；另外，公司也正在努力开发微商城等创新的网络平台，以扩大产品的销售网络，进一步提高公司的品牌影响力。中国的企业在国内市场营销方面，主要依赖于与办公用品、电子/手机生产商和行业整合者的协同工作，同时着力扩大分销渠道。尝试着打造 DIY 市场，为电子游戏、设计、拍照等专门的消费者群体提供各种不同的个性化产品。目前，长禾古已经成功地与世界各地的知名品牌、零售商及批发商建立了良好的合作伙伴关系，并顺利地通过了各项测试，现已成功地进驻家乐福、麦德龙、BestBuy、Dixons 等众多大型连锁超市开展业务。在国外市场，长禾古也积极参与到国际市场的网络销售中。自 2016 年起，已经逐步登陆 Amazon、eBay 等网络购物平台，其相应的产品销售额一直保持领先地位。未来，公司还计划持续扩大网络第三方平台，并且正在筹划独立创办一个网络平台，加速公司的直接经营网络购物平台的成长。

6. 信息化优势

长禾古目前依托信息化团队建立起公司的信息处理中心，并通过持续的研究和优化，最终构建出一套公司独立开发和运营的 ERP 系统。这套系统已经将需求探索、市场监测、价格决策、顾客服务、数据解读等多个功能融为一体。长禾古还设立了公司自己的商务信息管理体系，成功地完成了对多个电子商务平台的订单的自动获取、整体展示、存储及物流传递，从而增强了其信息化及智能化的程度。公司已经创办了自己的电商网站及微商城，微商城采取的是共享型购买方式，这使得它能够在销售路径和方法上与其他制造商产生明显的区别，从而增强了该公司在市场中的竞争优势。该公司正积极构建一支大规模的数据处理团队，利用科技手段来进行数据的收集、深度研究以及展示。通过运用自动化的语言处理技术及机器学习的手段，构筑了一个文字的识别模型，以此来识别并挖掘客户的产品需求，并积极开发能够满足客户期望、与市场潮流相匹配的产品。

长禾古企业还依托多年的信息化团队经验，持续增强公司的技术实力与研发实力。同时，公司也在优化并改良信息系统、电子商务平台的同时，积极并迅速地应用大数据，确保企业在整个行业中一直处于领导地位。公司将以多年信息化团队积累为基础，不断地提升团队的技术储备和开发能力，在对公司信息系统、电商平台进行完善和改进的过程中，积极快速推进大数据的运用，使公司信息化水平在行业内始终保持领先地位。

（二）竞争劣势

1. 经营实力有待进一步提升

尽管长禾古对商业运作、市场的洞察力及产品的规划设计具有一定的领先优势，但是，当与这个行业的头部企业相比较时，企业在财力、品牌影响力及全球的营销网络上还存在着很大程度的不足。

2. 高端人才吸引力不足

在最近几年，公司的业务规模不断扩大，经营步入快速发展阶段。在产品开发、市场网络、电子商务信息化、大规模自动化生产、公司管理等领域，都迫切需要专业的高级人才。然而，高级人才不足对公司的进步产生了进一步发展的阻碍，也对公司的规模扩大和新产品的推出产生不利的影响。

五、行业发展 PEST 分析

PEST 分析法被视为一种重要的企业经营环境分析手段，专门针对公司所处的外在环境进行分析。这些环境不仅涵盖了大的整体情况，还有各个领域的情况，如商业情况和市场情况。PEST 的核心目标就是研究公司所处的大环境的整体情况，尤其重点关注政策、经济、社会及科学四个关键元素。此类研究手段可以协助企业进行外部市场评估，同时还有助于理解市场的增长和减少，以及企业的市场定位。

（一）政策环境

1.《国务院关于积极推进"互联网＋"行动计划的指导意见》

该文件强调了企业应借助互联网收集、匹配用户的个性化需求，借此也可推动互联网公司整合市场资讯，深入探索各个细分市场的需求和发展动向，以此为制造商实施个性化定制提供决策依据，从而加快制造业向社会服务化的转变。

2.《中国制造 2025》

政府的工作核心是推动制造业的创新性发展，这一阶段的工作聚焦于提高制造业产品品质并增加其生产效率。重点工作路径是将新一代的信息科技与制造业紧密结合，推动智能化生产。《中国制造 2025》所要达成的工作目标是满足经济社会的发展和国家的军事建设对关键科技装备的需求，同时也是帮助产业进行转型并提高其水平的方针，从而使得我国制造业有机会实现从规模扩大到规模更大的历史性突破。

3.《促进大数据发展行动纲要》

《促进大数据发展行动纲要》强调应该积极推动云计算、物联网、移动互联网等先进信息科技的整合，寻找并开发出能够与传统行业共同成长的新的商业形态、新的商务方法，以此来助力传统行业的改革提升，以及新兴行业的壮大。同时提出了需要培养出一批具有国际竞争力的主导公司，以及独具特色的创新型的中小企业。创立一个包含了政府、企业、科技、教育、应用等各个领域的互相配合、和谐共进的大数据行业生态环境。

4.《"健康中国 2030"规划纲要》

国务院的这份行动指南，将人民的健康放在首位，把基层工作作为关键，以改革和创新作为驱动力，针对生活习惯、工作和生活环境，以及医疗保健服务对健康有影响的因素，推广健康的生活方式，促进全面的健康。

以上政策文件提出推动智能工具和产品的产业化研发，加快智能与各产业的相呼应。长禾古生产的产品与智能产业息息相关，在智能产业的不断发展下，公司产品也在间接地发展与成长。

（二）经济环境

1. GDP 总量平稳增长

尽管世界经济仍处于低谷期，中国经济还是保持一定增长态势。2023年 GDP 达到 126.06 万亿元，相较于上一年，增幅 5.2%，这个数字居全球第二。这表明，中国 GDP 的增长相对是稳定的，并且还存在可发展的空间。

2. 产业结构持续优化

在 2023 年第三产业仍占三大产业的最主要部分，实行制造业服务化是使产业得以更好发展的有效路径。在当前形势下高技术产业和装备制造业也是发展较快的两个产业。所以长禾古公司所处的新兴人体工学产业有着很好的发展前景。

（三）社会环境

1. 健康生活的理念提升

随着人们对健康生活的关注度逐渐增加，日常生活的健康标准也在提升。艾瑞咨询《2023年中国智能硬件系列报告之用户现状篇》的数据表明，目前，大众对智能硬件产品更新换代的关注度相当高，总的来说，人们对新型人体工学产品的接受度正在飞速增长。同时，颈椎病、腰椎病等疾病已经变成了全球十大最令人头痛的疾病之一。公司的人体工学产品可以协助那些频繁使用电脑的人们减轻由疾病引起的健康问题，这些因素将推动公司的人体工学产品的市场扩张。

2. 职业健康立法的改进

欧美国家的人体工学产品已经在市场普及，并且赢得了市场的重视以及政府的赞助。德国、丹麦等欧洲国家甚至制定了一系列旨在维护职员身心健康、推广人体工学技术的法令。同样，中国也制定了一系列的相关法令，以激励并监管公司对职员身心健康的维护。有理由相信，我国在职业健康方面的法律制度也会逐渐建立起来并且会持续优化。

（四）技术环境

1. 关联产业的发展

人体工学产品是结合人体工作的机能和习惯设计的工业产品，其相关的两个关键行业工业设计和模具制造最近几年在中国都取得长足进步，而且本公司身处北仑"模具之都"的地理优势，在生产方面有较大的产业链优势。

2. "互联网＋"的发展

互联网的快速发展为智能产业发展提供了技术支持。智能产业领域逐渐扩大，技术革新不断推陈出新，物联网技术不断发展，新的智能产品不断被发明。人体工学产品正是智能产业的一个分支，有着光明的发展前景。

六、企业自身 SWOT 分析

（一）优势分析（S）

长禾古公司重视团队协作，注重人才的发掘和培育，善于对产品市场潜力和销售前景做深入的市场研究。公司团队具有强大的凝聚力，拥有适合公司规模的管理系统，并且能为员工提供高效的技术培训和激励，公司产品具备自定义等特性，发展潜力巨大。

1. 技术水平优势

在人体工学的家具领域，公司强调对产品的开发、设计的革新、个性化，以及产品的综合解决策略，坚持"以人为本"的原则。这个领域的技术实力主要反映在公司的设计开发实力、模型的制作流程及生产的技术三方面。公司设计研发团队包括了中国工业设计协会专家和海外人体工学相关专业硕士，在吸收国内外先进设计理念和创新思维方面有着极强的优势，公司聘请的全国工业设计协会常务理事李乐山博士作为专家顾问在产品设计上给予了很多指导，合作工厂的技术人员有着多年的模具设计开发经验，在批量制造方面，位于宁波北仑这个著名的"模具之都"，产业集聚效应明显，可以得到极大的模具制造技术支持优势。

2. 产品创新优势

公司的产品创新实力构成了其盈利与增长的关键。该公司开发团队的平均年龄达到 32 岁，正值创新的黄金时期，他们在捕捉市场变化方面有着极强灵敏度，一直专注于消费者的行为分析。同样，该公司正在努力构建一个平台，并且积极参与各种国际知名的展览，以便随时掌握市场的变化及消费者的需求。根据客户的需要及市场的独特性，他们可以快速推出符合市场潮流和消费者需要的新型产品。一方面，企业通过对产品的深入研究，形成独特的市场竞争力，从而使得其产品与市场产品有着一定的差异性；另一方面，企业扩大了产品范围，从而增强了其业务的可持续性。

3. 公司体制优势

目前，长禾古公司规模处于中等水平，相较于上市公司，其资金流动更为灵活，对市场风险的感知更为敏锐。因此，长禾古产品进入市场并面临风险时，能够更快速地调整生产线，并及时采取止损措施。所以，长禾古在面对风险时的调整能力更为灵活，使得公司在创新效率和创新时间上明显超过了大型企业，并且具备一定的"先发优势"。

（二）劣势分析（W）

尽管公司在产品开发、规划、市场洞察力等方面具有一定的优势，但是与国内外在人体工学家具领域上市的公司相比，公司在资金实力、品牌影响力、全球销售网络等方面存在显著的差距。

1. 品牌知名度竞争激烈

作为一个新兴的领域，人体工学家具制造业的品牌影响正在逐步建立，消费者对于商标的认知也需要一个过程，此时商标的知名度会极大地影响消费者的购买决策。目前，长禾古的知名度不高，而国内外著名人体工学品牌更容易赢取市场竞争的优势，在消费者心目中造成影响力。

2. 销售渠道不够完备

在人体工学家具领域，采购者通常会选择与制造商建立持久且稳定的战略联盟。尽管海外的人体工学家具行业已经相当完善，但如果中国公司的产品想要进军海外市场，还需要通过品牌商、批发商、大型连锁超市等途径。这些大客户对供应商实施了严格的评估和验收流程，能够通过这些流程进入海外市场的中国公司仍然很少，从而在一定程度上形成了进入海外市场的渠道障碍。从另一个角度来看，建立起国内的健全、全面且高效的市场营销网络需要公司进行长期的积淀和不断的人力物力投入，同时也需要相应的科学管理体系和信息化管理系统的协助。

3. 进行技术创新的资金来源不足

缺乏资金是制约中小企业进行技术革新的主要阻碍，这主要归因于市场上的资金供应不足。市场融资可以分为直接融资和间接融资两种形式。直接融资主要涉及发行股票和公司债券，间接融资则主要涉及从银行及其他金融机构获取贷款等。然而，对于中小型企业来说，无论选择哪种方法，都会面临巨大的挑战。

（三）机遇分析（O）

1. 健康市场容量较大

随着人们对健康消费的关注度不断提升，人体工学支架产品和组合能够有效缓解颈椎腰椎和视力疲劳，并有助于预防和消除亚健康问题。在健康消费观念的推动下，消费升级的趋势将会引发人体工学家具产品的需求持续增长，市场规模也将持续扩大。

2. 国家产业政策支持

国家发布的多项纲要文件均倡导公司提升新产品的研发实力，增加产品的技术价值和附加价值，以便更快地实现产品的更新换代。同时也鼓励在研发设计、生产流通、企业管理等各个环节进行信息化的改革和升级，并实施先进的质量管理，以此推动公司的管理创新。推进一系列的产业科技创新服务平台的构建。前文已有详细说明，此处不再赘述。

（四）威胁分析（T）

1. 市场竞争激烈

由于市场不确定性和科技发展的快速多变，再加上众多小型与微型公司处于的长时间恶性竞争状态，公司一直在高度激烈的竞争环境下，这种集中竞争的市场环境加强了公司在科技创新方面所面临的挑战。

2. 国内的消费习惯尚未树立起来

目前，国内消费者在购买站坐交替办公系统、电脑支架、平板 TV 支架时，主要关注的是其基本的支撑功能，对于健康功能和人体工学设计的认可度极低。因此，国内消费者的观念认知和购买习惯还需要进一步的引导和建立。这也是人体工学家具行业现阶段发展所面临的挑战。

3. 国内知识产权保护相对薄弱

目前，公司所涉及的产品尚未有国家统一规定的标准，我国在知识产权法律环境上还有很多空白，市场竞争秩序尚未形成规范的状态。许多企业缺乏有效的竞争策略，这对先发企业的技术创的合法权益容易造成伤害。

具体 SWOT 分析图如图 8-1 所示。

内部环境　　　　　外部环境	机会（O） 1. 市场需求持续增长 2. 人们消费水平的增加 3. 国家政策的支持 4. 人体工学产业的发展	威胁（T） 1. 市场准入壁垒高 2. 智能产品的消费理念还没有完全树立起来 3. 知识产权保护力度不够
优势（S）	优势机会策略（S.O）	优势威胁策略（S.T）
1. 技术开发基础、产业集聚效应突出 2. 公司的主创团队非常年轻，善于接受新思想，市场敏锐度高 3. 公司规模较小，能灵活规避市场风险波动	1. 满足需求，建立完善的产品质量售后服务 2. 紧跟市场潮流，设计不同价位的产品，进行梯度营销 3. 完善线上销售渠道，进行差异化营销	1. 强化核心竞争力，提高产品质量和服务质量，用服务赢得客户 2. 时刻保持创新，增强产品的竞争力 3. 积极进行产品理念宣传，引导客户的消费习惯 4. 知识产权保护
劣势（W）	劣势机会策略（W.O）	劣势威胁策略（W.T）
1. 品牌竞争力处于弱势 2. 销售渠道不够完善 3. 资金来源不足	1. 贴合需求，以顾客导向，进行产品的差异化营销 2. 积极布置线上销售渠道 3. 完善企业征信，参加相关产业的竞投项目，拓宽投资渠道	1. 运用价格、质量、服务等优势因素抢占市场份额 2. 线上线下联动销售，发展下游经销商 3. 加快产品研发与宣传，尽快投入市场来使公司获得充足的流动资金

图 8-1　长禾古公司在人体工学产品行业的 SWOT 分析图

第九章　案例企业模块化创新突围的演进路径

一、模块化市场转型战略的实施背景

（一）由外到内的市场战略时机分析

在制定市场转型策略之前，首要步骤是对目标市场进行评估，并对自身的能力和资源进行评估。公司需要考虑细分市场的规模、增长潜力及结构吸引力。在后疫情时期，长禾古选择避开国外市场的萎缩风险，转向国内市场，这是在充分考虑了国内市场的规模、增长潜力及市场结构因素后做出的决定。在我国，经济增长逐渐趋向稳定，人们对健康生活的关注度也在持续增长。《"健康中国 2030"规划纲要》的公布标志着"健康中国"已经正式成为国家的战略方向。前瞻产业研究院的报告显示，美国的健康产业所占 GDP 的比例超过 15%，加拿大、日本等国的健康产业所占 GDP 的比例也超过了 10%，然而，我国的健康产业仅占 GDP 的 4%～5%。未来十年预计会成为健康行业发展的黄金十年。在国民消费能力、健康意识在"双提升"的趋势使得智能健康办公产品将迎来良好的发展机遇。

（二）模块化市场战略的具体实施

1. 国内市场行业定位

在模块化战略实施之前，长禾古智能办公设备有限公司已经制定了一个全面国内转型的策略规划。他们对这个项目所涉及的国内市场进行了深入的研究，包括需求特性（5W2H）、需求范围、竞争环境、行业成本构成、宏观环境、分销渠道、产品生命周期、企业技能等多个方面。另外，长禾古根据公司的资源和能力、环境特性进行了差异化的设计，以确定自己在专业化智能支架市场的定位。

2. 国内市场的自主品牌战略

长禾古公司的业务从出口开始，主要是为了满足客户的 ODM 设计需求，并且与全球的家具大厂联手制造智能化办公产品。依靠前期在国外市场的销售所积累的经验，制定了一套独特的品牌战略。同时也通过参观国内的各种人体科学、办公领域的展览，来寻求国内市场上的品牌定位，并且着重强调并维护"泛星"这个品牌，持续推动创新，提供高质量的服务，从而在消费者心目中树立一个优秀的企业形象。通过缩短交易链条来降低商业开支，同时也能增强顾客的购物和售后服务感受，从而在顾客群体中树立了品牌形象，赢取他们对长禾古品牌的信任。

独特的品牌构成公司的关键竞争优势，也是公司执行产业化策略的重要环节。构建独特品牌的过程其实就是公司为了适应市场的竞争，精心研发关键产品，然后借助这些关键产品塑造公司的品牌形象，这是公司实现持久发展的必经之路。长禾古始终致力于提升公众对品牌的认知，注重品牌塑造，并始终坚守以质量为核心、以诚实为基石、以品牌作支撑、以市场作引领的独立品牌成长道路。

3. 积极进行市场扩张

公司的市场推广战略是以已有的商品为基础，深度挖掘其市场可能性的一种扩张方式，也被视作公司的市场扩张战略。目前，长禾古公司所遇到的挑战在于：当前我国智能家具行业在国内仍在进行初级阶段和增长阶段，许多投资者对产品的理解还相当有限，并且他们对新产品的知识储备也相当匮乏。目前，许多针对海外市场的人体工程智能产品仍然是单独研制的，其市场需求和产品设计之间有着一定的市场需求差异。长禾古公司由于以前外向市场是给国际家具巨头提供智能家具的支架部件，所以其产品的通用性和标准化程度高，很容易适应国内工程定制市场的个性化需求，通过组合多变的方式达到工程成本最低化。长禾古面对公司成立相对较短初创企业的客观现实，发挥原出口规模定制的优势，利用 ODM 的制造技术经验，制定国内市场渗透策略。到 2020 年 4 月，泛星的国内单月订单量已超出国际市场订单量，国内成功通过工程定制市场进入智慧城市、智慧医疗等领域，实现国外市场到国内市场的成功转型。在国际和国内市场的销售途径如图 9-1 所示。

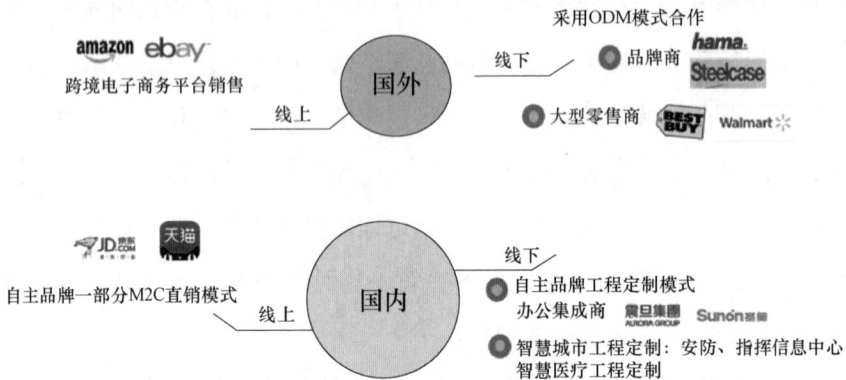

图 9-1　销售途径对比图

二、生产组织模块化创新

公司的生产组织涵盖了从市场分析、商品策略、开发设计、网络构筑、品牌推广到售后支持的所有步骤，从而达到整个价值链的运作管理。接下来是在采购、制造和推广方面的模块化组织过程。

（一）采购模式分包

长禾古公司采购的生产资料有三大类：生产所需的原材料、零配件部件和产品的包装。在里面原材料包括钢板、钢管、铝锭、塑料颗粒这样的基本材料；而零配件部件则涵盖了标准件、定制件（如压铸部分、冲压部分、塑料部分）和电子配件部分（如集成电路、半导体分立元件、马达部分）；至于产品的包装则是指各种颜色的盒子、外壳、使用手册等。

公司已经建立起全面的采购规则和步骤，而这些规则和步骤都是由与采购管理紧密联系的部门，如采购部以及品质保证团队来承担。在这些团队里，采购部主要负责挑选、存放、管理供应商，以及拟定并执行采购协议；而品质保证团队则是在与供应商预先交谈后，确认遵守企业的质量规章制度及标准，并且会对所有的采购物资进行质量的审查。一旦企业有购买需求，采购部门会对供应商进行询问、比较和讨论，以确定详细的购买项目和价格，然后向供应商发出购买指令。这样就可以将采购的生产资料根据市场的需要在供应商中做合理分配。当企业收到货物并进行验收存储之后，会在预计的时间内支付款项，具体的采购流程如图9-2所示。

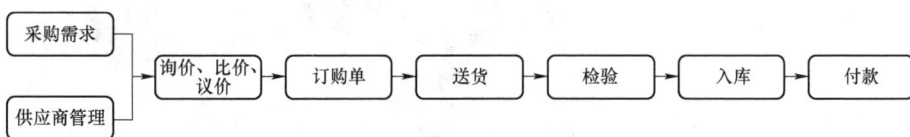

图9-2　公司采购流程图

（二）生产模块化

公司的产品生产大部分事以委托的方式进行加工和生产，并且公司已经和超过 10 家工厂达成了长期合作伙伴协议，目的是确保公司的产品能够持续稳定地供应。近些年，由于公司的业务规模正在逐步扩大，公司的合作伙伴们正在对他们的生产流程进行改进，使其能够满足更多的复杂化需求。此外公司还在增设新的生产线，以便增强产品的生产能力。公司在生产部门还设置了一套严谨的质量管理机制，旨在进一步优化产品的生产过程管理。公司商品销售方法包括独立品牌和代理两大模块。独立品牌的部分，公司会依照市场的需求来设立销售策略，当然生产中也会考虑保证合理商品的储备。而代理商的商品部分，公司则会按照客户的订单来进行生产。这里公司会把需要额外处理的商品按照订单的方式交由额外的处理部门来完成，同时也会收取额外的处理费用。

（三）营销模块化

要想制定一个成功的模块化营销方案，企业需要充分利用自身的优势和外部的机遇，构建一套综合的市场营销策略。根据之前的市场研究，公司主要从产品、服务、品牌和渠道四个方面来设计模块化营销策略，如图9-3所示。

图 9-3　模块化营销策略

1. 产品营销策略调研

公司在产品策略方面利用充分的市场调研，根据细分市场需求和公司优势精准的定位产品的目标，并着力打造差异化定制服务的人体工学产品。

（1）科学的产品定位

对商品的购买需求进行深入探讨，这是为了满足客户的需要，也就是公司制造的初衷与目标。每一个市场都是一个不断变化的环境，唯有掌握了影响购买需求的各种要素，才能准确理解市场的走向，从而让产品的创新与设计更加先进。公司在研发人体工学桌椅产品之前，曾分别针对普通消费者、白领阶层及经销商做过问卷调查，相应的问卷见附录3～附录5，表9-1、图9-4、图9-5是针对 CBD 写字楼白领阶层所做问卷调查的部分数据分析。

表 9-1　人体工学产品消费者问卷调查数据分析 1

序号	问题	选项	人数	比例
3	您是否患有颈椎病、腰椎病等职业病？	是	166	83.0%
		否	34	17%
4	你在日常工作中是否需要长时间对着电脑或其他显示屏幕？	是，时间很长	189	94.5%
		需要，但时间不长	11	5.5%

您认为职业病与办公环境是否存在某种关系？

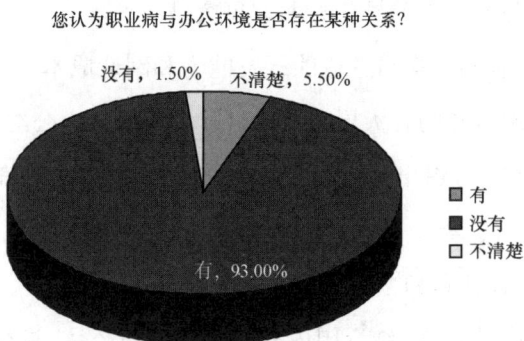

图 9-4　办公室工作人员职业病调查数据分析图

人体工学办公家具具备以下特点，哪些会比较吸引你？（多选题）

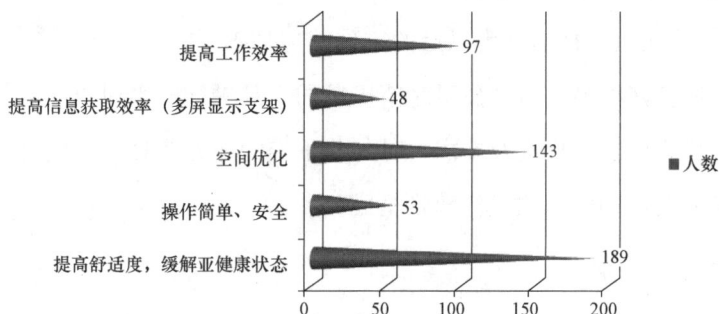

图 9-5　人体工学产品功能优化调查分析

从调查数据统计结果看出，大部分白领阶层患有颈椎病、腰椎病等职业疾病，并且认为职业病与办公环境存在着某种联系。白领人群对于人体工学办公家具的需求不仅在于操作简单、安全，提高信息获取效率，更多地倾向于提高工作效率、空间优化及舒适度，缓解亚健康这几个方面。根据研究结果，决定消费者是否选择购买人体科技产品的关键要素包括：全民的健康状况及人体科技产品的空间利用效果。长禾古也对这两个要点进行了深入的市场研究，在保障个人隐私的前提下，对各个生产者的信息进行整理，以便找出最佳的质量水平、类型、数量及价格，以满足目标客户的健康和空间优化需求。

（2）重视产品研发设计

商品市场满意度取决于产品的研发设计是否合理。如果研发设计不合理，那么产品就无法精准满足市场需求。长禾古致力于通过整个流程的设计理念，以期在产品质量和差异化方面取得突破。

1）协调消费者的需求与企业的开发能力和制造成本

公司参观了国内外的各大展会，找出市场需求最大公约数的产品进行设计改善，并要求工厂打造出相应的产品，估算其成本价格，在产品面世之前，研发最有效的生产方案。

2）对研发设计计划和方案进行可行性论证

在研发新的产品之前，结合国内外竞争对手的产品，进行各方面的分析，论证产品的可行性，并结合医学知识，使得产品具有某种特定的用途，以此确定能改善国民的体质健康。

3）评价应试制样品，为以后的工作奠定基础

在工厂打好样品之后，公司对新研发的产品进行一系列的分析，判断其是否符合预想的各个标准及要求，对某些不当的地方及时加以优化，选择优质的产品面世，为以后的工作奠定基础。

2. 产品服务调研

产品服务调研强调的以服务为出发点，围绕为客户提供产品的过程展开

调查，其调研的内容也是营销的一部分。如在设计环节提供产品性能咨询服务；在生产环节继续提供个性化、定制化服务建议；在售后环节提供维修保养更换服务等一些围绕产品销售和使用整个流程的服务型调研和销售。

（1）售前服务调研

① 对客户进行人体工学产品的概况、生产资质、生产规模、产品质量及提供与产品相配套的一系列售后服务等做详细介绍和说明，让用户从感官上接受，使客户不愁用、不愁配、不愁坏，无后顾之忧，能够安心地购买人体工学家具产品。

② 满足客户对购买时间和方式、供货时间和地点、产品包装和运输、货款结算等方面的不同需求，根据不同客户的要求提供服务，尽量方便客户购买，消除"购货难"的感觉。

③ 服务营销的核心理念是以服务为基础，通过向顾客提供产品的全过程来进行服务，这些服务的内容也构成营销的一部分。例如，在设计阶段，提供产品性能的咨询服务；在生产阶段，提供个性化、定制化的服务；在售后阶段，提供维修保养更换的服务等，这些都是围绕着产品的销售和使用的全程进行的服务型销售。

企业在前期根据消费者对人体工学概念的熟知度，进行不同的问卷调查，通过数据分析结果来有针对性的制定营销策略和研发产品更新和改进。表 9-2、图 9-6 及图 9-7 为公司在拓展国内市场之初所做的部分问卷调查数据分析（调查问卷见附录 6）。

表 9-2　人体工序产品消费者问卷调查数据分析 2

序号	问题	选项	人数	比例
3	您更倾向于在线上、线下哪个渠道购买我们的产品？	线上	82	82%
		线下	18	18%
4	如果您是在线上购买人体工学家具类产品，您更倾向于在哪个平台上购买？（多选题）	天猫	88	88%
		京东	93	93%
		苏宁易购	60	60%
		淘宝	77	77%
		其他	11	11%

您希望我们在线上平台提供什么样的服务？（多选题）

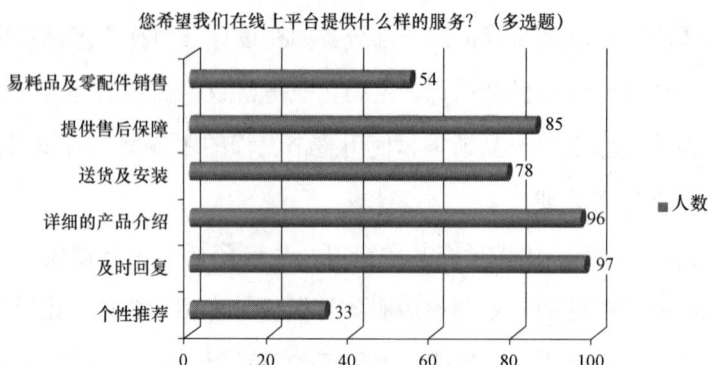

图9-6　人体工学产品售后服务调查分析

您对在线上购买产品有什么担心？（多选题）

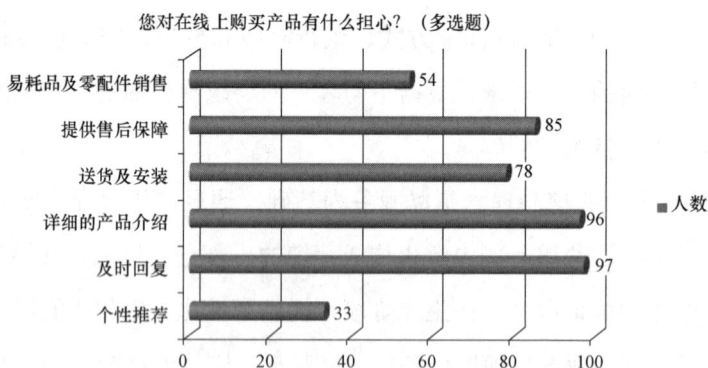

图9-7　人体工学产品线上购物调查分析

由调查结果可知，大部分消费者倾向于在线上购买本公司的产品，选择天猫、京东等线上平台的人数占较大比例，这说明人体工学家具产品具有的消费升级属性适合开展线上销售活动，公司可进一步展开线上销售。但消费者线上购买产品时，也存在着对在送货安装、市售提供售后保障等方面的担忧，公司应提前准备好应对措施。

（2）售后服务调研

1）积极回应客户的技术征询

消费者购买人体工学产品后，可能对安装存在一定的问题。公司应积极主动帮助客户进行产品的安装及调试，确保人体工学产品不存在质量或其他方面问题，一次性给客户带来最有保障的体验，节约客户的时间，提升公司的服务品质。

2）保证维修零配件的供应

对于人体工学产品中的易损易耗部件，公司在各个销售网站的售后服务平台上设立了零部件供应点，即使解决了产品在正常运行过程中遇到的各种问题。在收到消费者的反馈后，会立即进行调度，这样一旦产品出现故障，消费者就能够及时更换相关配件，从而使产品在短时间内恢复正常运行。设立零配件供应点可以让消费者享受到更加便利的服务，避免他们的担忧。同时，在线平台也能提供一些常规的替换零配件产品，消费者也可以直接根据型号和说明进行购买。

3）重视产品的售后质量调研

目前，由于公司外包工厂很难保持质量完全一致。在大规模制作中由于多种多样的因素，不可避免地会有少量的商品质量波动。对于这种商品带来的消费者损害，公司需要考虑商品的服务质量，考虑其影响的深远程度和消费者的补偿需求，公司需要运用如维修、降低售价、更换商品，甚至是直接赔偿等多种策略来处理。公司通常会针对由非人为因素引发的商品质量问题实施三包政策，也就是保修、保换、保退。在解决了退货和其他问题之后的一周，会立刻向顾客反馈，了解他们对解决方案的满足感和相应的建议，从而优化售后服务的过程。

4）建立完善售后反馈系统

构建了电话、信件、电子邮件、网络在线客服等各类反馈途径。使相关职员能够及时应对顾客的咨询和投诉，解答他们的疑惑。在接收到反馈的同时，公司也创建了一个客户反馈信息的数据库，并定期主动抽取样本进行产品的使用回访。在产品销售后的 3 个月里，会对顾客进行关于产品质量和用户体验的回馈（问卷见附录 7）；在 9 个月之后，对客户进行有关产品的使用、维修、问题处理等方面的回访（问卷见附录 8）。基于以上两次调研建立客户满意度调查档案，通过数据分析可帮助企业进行自我改善，同时也可以了解现阶段人体工学产品的不足或可提升之处，加以改良。

图 9-8 和图 9-9 是针对客户所做的售后服务满意度问卷调查部分结果。

您对"泛星"人体工学家具售后服务总体印象如何？

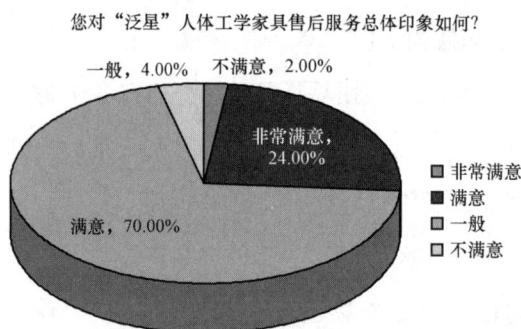

图 9-8　人体工学产品满意度调查分析

您是否愿意回购我们的产品？

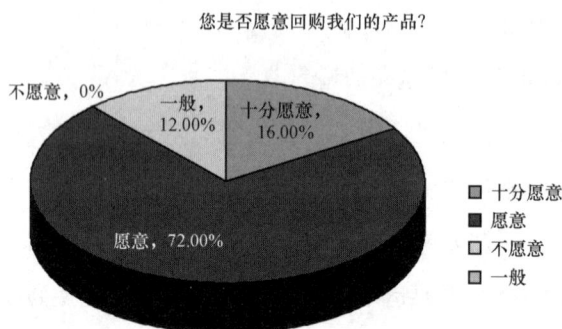

图 9-9　人体工学产品回购率调查分析

从调查结果可看出，客户对公司售后服务总体满意度高，近 90%的客户愿意回购，对公司的产品及服务都表示了极大的肯定。

3. 合理的模块化营销策略

尽管公司最初的运营方式是依赖于海外的代加工模式，但也在思考如何逐渐扩大国内市场，并且早早地申请了自己的品牌和商标"泛星"。品牌的构建是企业的关键决策，必须进行战略性的管理，并制订出适当的策略。

（1）精准的品牌区域定位

定位品牌是确定市场位置的关键与主要体现。当公司确定了其目标市场，就需要根据区域市场特点规划并打造出适合的产品、品牌和公司形象，从而收获目标顾客。长禾古的国内目标市场以宁波为立足点，借助宁波独特的地理优势，以宁波为销售中心向四周扩散，使得浙江省的销售量最高，从浙江出发，再到长三角地区，乃至到全国，从浙江市场来看显示器支架、智能桌椅都具有一定的市场需求，有良好的市场前景。

（2）有效的产品宣传和推广

公司发展初期，在广告投入和宣传方面的确无法进行大量的资金投入，公司智能利用当下的手段和渠道，最大化的向消费者推销和展示公司的产品，通过优质的产品来提高消费者的信任度，同时也带动泛星的品牌宣传。宣传媒体在接触到新品牌时，往往会产生某种程度的好奇心，通常以公司的市场份额来衡量。媒体发布信息的主旨在于吸引观众，因此，公司必须理解并满足这些媒体的真正目标，才能让它们发挥出最大效益。毫无疑问，媒体的报道通常会强调其新闻性、实时性及公共利益。在企业实施品牌宣传的过程中，必须尽可能地实现这些要求，如果不能达成，那么媒体的关注度将会大打折扣，从而导致企业的宣传任务变得更加困难。

公司在营销宣传方面抓住了媒体宣传的契机，初期就有幸被《宁波晚报》的专题报道，使得公司的知名度在宁波地区有所提高，自主品牌得到宣传，为产品的销售也拓宽了渠道。

无论是国外市场还是国内，通过大型展销会来推广企业都是一种行之有效的方式。通过展会的宣传直接把公司的特色产品和技术能力展示给客户。在短时间达到精准的目标客户宣传。

（3）多元营销策略

经过几年的市场销售和积淀，长禾古企业已建立了包含各种类别和途径的全方位的营销策略，如图 9-10 所示，这使公司的市场竞争实力和抵御风险的能力有了显著提升。

从品牌的建设过程来看，公司原先采用以 ODM 为主的贴牌销售模式，贴牌销售客户多为长期合作的境外品牌商、大型连锁零售商、批发商以及国内家电/电脑厂商、办公集成商等，稳定的合作关系一方面有助于公司保持基础业务稳定，另一方面也为公司开拓线下自主品牌的营销打下基础。自 2016 起公司着力开拓自主品牌产品的销售，形成了 M2C 直营模式，即公司作为生产厂家直接面向消费者，通过减少流通环节降低销售成本，并提升消费者购买及售后服务体验。目前公司自主品牌产品销售收入占比已达到23.71%，未来有望进一步提升。

境外线上
利用国际化电商平台开展B2B、B2C营销

境外线下
与大型连锁零售商、品牌商长期合作

境内线上
自主品牌M2C直营模式

境内线下
国内家具、家电龙头企业稳定供应商

图9-10　产品营销模块结构图

从销售市场而言，境外发达国家人体工学家具产品市场应用更为成熟，因此公司产品主要销往境外市场。但随着国内市场的逐渐兴起，公司目前境内销售收入占比已达到21%，未来公司将同步发展国内外市场，进一步扩大销售规模。

在线下和线上销售方面，随着电子商务的崛起，公司认识到人体工学家具产品的消费升级特性适合进行线上销售。因此，自2016年开始，公司成立了线上运营团队，主要通过国内电商平台进行线上销售；同时，公司也进一步利用自有团队进行海外线上销售。现在，公司已经建立了以M2C直营为主导的国内外线上销售模式，线上销售收入占比已经超过43%。开发和发展线上销售渠道对于公司未来进一步扩大自有品牌产品的销售规模，并有效地控制整个业务价值链具有积极的影响。

公司多类型、多渠道的多元化销售模式按销售渠道的特点分类情况如表9-3所示。

表 9-3 产品销售渠道分类情况

销售渠道	销售模式	模式特点
境外线下	主要为 ODM 模式，客户主要为境外品牌商、零售商、批发商等	中等毛利率、中等费用率、较低库存量
境内线下	自主品牌产品销售占比较高，与家电/电脑厂商、办公集成商等合作为主	中等毛利率、中等费用率、中等库存量
境外线上	利用跨境电子商务网站进行销售，如亚马逊、eBay 等国际贸易电商平台	高毛利率、高费用率、中等库存量
境内线上	自主品牌一部分 M2C 直销模式，一部分通过京东、天猫等电商分销为辅	高毛利率、高费用率、中等库存量

4. 模块化营销渠道

（1）电商渠道

由于电子商务的崛起，长禾古公司认识到人体工学家具产品的消费升级特性非常适合进行网络销售。因此，从 2016 年开始，其成立了一个专门的销售和运营团队，主要在国内外知名电商平台上进行网络销售，并积极推广自主品牌"泛星"系列产品。现在，长禾古企业已经建立了以 M2C 直营为核心的国内外网络销售模式，其中网络销售收入的比例已经超越了 43%。

（2）展会渠道

长禾古海外代理主要是与国际知名品牌、大规模的连锁超市和批发商，以 ODM 方式进行销售，其主要的销售区域包括北美、大洋洲和亚洲的新兴市场。另一方面，公司也在努力探索国际独立品牌产品的代理销售方法。公司的主要策略是利用各种渠道，如举办展览、通过互联网或者积极与海外的目标和潜在顾客沟通，以此来展示产品和创新的开发、生产和制造技术。只有当顾客接受并决定购买时，公司才会提供订单。境内的线下营销主要通过向办公集成商销售人体工学工作站系列产品。根据与客户的约定采用先货后款或先款后货的结算方式。

在过去几年的销售积累中，公司已经建立起了一种多元化、多途径的模块化销售策略。通过全球各地的网络和实体店进行销售，同时保持主要客户群的稳定性，并且公司也致力于增强和改进销售路径、商务沟通及合作伙伴的协作关系。充分运用并发扬了多元化销售的优势，以此来提升市场竞争力和抵御风险的能力。这样做不仅使得公司的业务技术和团队信息得以共享，也促进了公司业务的扩大和品牌形象的提升。

三、产品模块化创新

（一）产品模块化概念

模块化设计的理念源于 20 世纪 50 年代，这一概念是由一些西方国家提出的，其主要目标是让产品更具多样性以满足市场需求，现在已经被广泛采用。它是一种设计和制造方法，基于对特定区域内不同功能或相同功能但性能、规格不同的产品进行功能分析，并将其划分为一系列模块。通过选择和组合这些模块，可以生成各种不同的产品，以满足市场的多样化需求。

与传统的设计手段相比，模块化的设计策略有所区别。换句话说，传统的设计手段和观念为模块化的设计提供了理论依据和实际操作的指导，然而，模块化的设计却把传统的设计水平推向了一个新的高度。表 9-4 展示了具体的差异。

表 9-4　模块化生产方式与传统生产方式下创新的区别

生产方式	模块化生产	传统生产方式
创新对象	以模块为主	整个产品
涉及的开发程序	范围较小	范围较广
开发时间	较短	较长
开放成本	较小	较大
资源配置	资源合理流动与最佳配置	资源的独占性和资源的局部配置
新产品特征	适应市场多变、竞争激烈的外部环境、满足消费者多样化和个性化需求	适合市场稳定、标准化单一的大规模生产

通过实施模块化设计，公司旨在优化产品设计流程、缩短设计时间、减少制造费用，同时也可以让设计知识得到流通与共享，从而有助于公司更好

地提升设计与制造质量，让公司在商业竞赛中占据优势。该方法主张在功能评估的前提下，通过对市场的预期来引领，将具有差异或相似功能但表现各异的部件融合并可根据消费者需求进行组合和替换，从而创造出适应不同功能的产品，以适应消费者的特定需要。图 9-11 展示了模块化产品的架构设计。

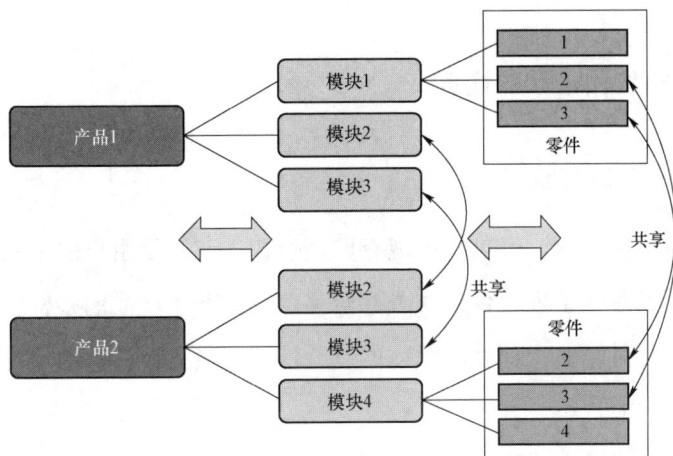

图 9-11　模块化产品结构示意图

（二）模块化支架产品开发流程

采取模块化的方式，可以把复杂的产品拆分为若干个独立的模块，并把它们的各个元素整合为一个个单一稳定的小模块，以此来降低产品的复杂程度，实现最佳的组合设计。一般来说，各个模块的元素都会反复出现。在支撑产品的设计过程中，由于系列的丰富，功能也会被进一步划分，此时，产品的关键参数会对其性能造成重大的影响。模块化设计方式的多元性主要体现在零部件的精细划分，以此来提高其使用的效率。此外模块化设计还方便了工作流程。

在模块化的创新中，核心环节就是对功能进行细分，把它们分解为单一小模块，模块和模块之间接口统一，可以根据功能互相组合，从而实现对功能的再构造。详细的流程见图 9-12。

前期调研	用户定位/需求调研	设计方案制定	建模
定型开模	测试论证	手办模型	效果图

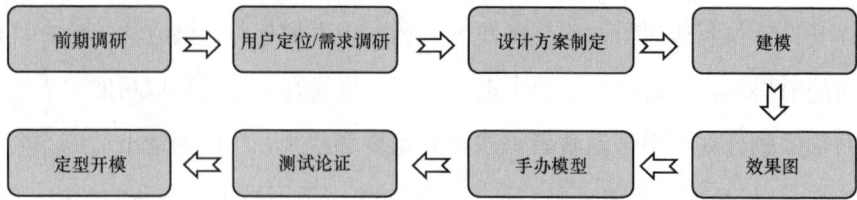

图 9-12　产品模块化具体实施步骤

（三）模块化设计的优点

1. 满足产品快速设计

通过模块化设计，可以利用现有的模块，迅速满足用户的定制需求。模块化设计不仅简化了零部件的种类和规格，还提升了产品的多样性。利用模块化技术，公司能够管理生产流程的复杂性，减轻了设计和制造的负担，从而降低了产品的价格。

2. 有利于产品的更新换代及新产品的开发

整体性的灵活配置也提升了公司在市场上的反应速度。新型产品常常仅是某些部分元素的升级，通过改良这些元素，将其整体化，替换现存的整体元素，以实现新产品市场研发的目标。另一方面，还能够针对已经被模块化的组成部分进行微调，以满足新型产品的需求。传统的制造方法一旦调整一个配置环节，便会引起整体的转变。然而，产品的模块化设计将其由原来的组成部分转向以组成部分为主的形态，这在很大程度上增强了产品的升级和替代，同时也推动了新型产品的研发进程。

3. 有利于提高产品质量，增强产品的竞争能力

在集成制造的产品里，每个模块都是自主的，它们都由特定的团队来设计并且进行专门的制造，同时也能够通过实验来检测其性能，这样能够提高模块的质量，从而优化产品的整体性能。此外，在制造过程中由于单元模块可重复利用，可以进行规模化生产，许多零部件从单个或者小型制造过程转

向大型制造，这样就能够降低制造成本。并且这种规模化的制造更容易运用到最新的技术、特定的制造设备和高效的制造器械，有利于进行专门化制造。所以，模块化制造不仅能够增强品质，也能够提高制造的效益，减少废品的出现，进一步降低制造的总费用。

四、大规模定制的生产模式转型

为了充分利用产品的模块化特点，长禾古的生产流程也相应地进行了大规模的定制化改革。这种改革的核心理念在于：一方面，致力于向消费者提供具有个性的商品与服务以增强他们的满足感；另一方面，通过合理的规模化生产或操控来减少提供个性化商品与服务的开销。主要职责在于深入理解客户的需求。利用模块化的构建，让各种模块可以生成各种各样的商品，以应对大多数顾客对商品的各种特定需求。

（一）用户需求获取途径

用户需求包括共性需求和个性化需求。共性需求主要指不同用户对于产品有相类似的需求，而个性需求指因人或人群的不同，产生差异性，分化成不同的个性需求。按需定制和分解模块是大规模定制的先导条件。而获取产品需求主要有以下几种途径。

1. 用户调查

通过发放问卷，用户访谈等形式，调查用户的原始资料，对其整理分析后得出用户的需求信息。该方式主动索取客户需求信息，准确性高，获取信息直接，但周期长，投入的人力物力较高。

2. 竞争分析

对竞争产品进行详细的产品分析，了解产品具有的特点，从而得出用户对产品的需求。此方式较为被动，但是操作性强，是获取用户需求的简捷途径。

3. 网络平台

利用网络技术的快速准确性，通过网站论坛的形式，从用户第一线收集用户需求。可以通过网平台论让用户直接参与到前期的开发过程中，用户可以在论坛讨论产品的用户体验方式、产品设计等，设计人员也可以参与到讨论中，与用户沟通，搜集用户的相关需求。

（二）大规模定制与客户需求响应决策

针对大规模定制化生产，公司既要在产品或服务的构建阶段，通过使用模块化设计及延迟策略等方式，平衡考量消费者的个性化需求与生产或服务的规模化，又要在处理大型定制消费者需求反馈的过程中，思索如何最大限度地增强消费者的满足感并减少生产或操作的开销。在大规模定制化生产中，公司对于满足顾客需求的大型定制实力以及相关的支援技术显得尤为关键，这是由于它直接影响到公司是否有能力提供特别的商品与服务。因此，长禾古对于协议工厂生产效率的把握极度注重，并且已经对生产品质进行了全面的检查，从 2019 年起公司自身进行了 1 600 平方米厂房的扩大，这大大增强了公司的大型定制实力。大规模生产定制中，公司在获得准确的客户需求数据和做出准确的反馈方面的决策能力和相关的支援技术也是非常关键的，这是由于准确的客户需求和做出准确的反馈决策对于实现大型定制的成功至关重要。通过对产品与服务的全面顾客需求进行深入的探讨与分类，长禾古运用了模块化的设计理念，来决定产品或服务的个性化水平，并且明确了个性化的产品与服务种类。详细步骤见图 9-13。

（三）大规模定制开发设计流程

"开发"与"设计"虽然各自有含义不同，但它们之间却存在着密切的关联。"开发"的核心职责是明确新产品的运作机制，并对新产品的概念设计进行标准化和规范化，在这里指构建适应大规模定制的产品模型和流程模型。"设计"的核心职责是根据顾客的需求迅速给出精确的报价。在大规模定制过程的开发是指通过在开发阶段构建产品模型和流程模型,采用标准的零部件,以便快速地设计产品和生产流程,从而减少定制产品的交付时间。模块化的基础构成了针对大规模定制的开发和设计。对于大规模定制,产品的模块化显得尤为关键。实施大型定制开发的核心步骤就是模块化设计,具体的两者联系见图9-14。

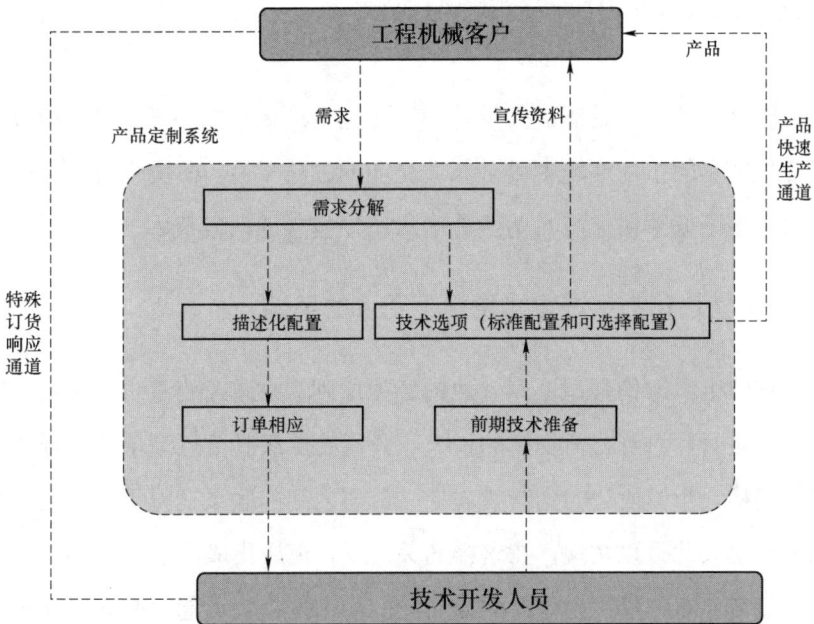

图9-13　大规模定制客户响应流程

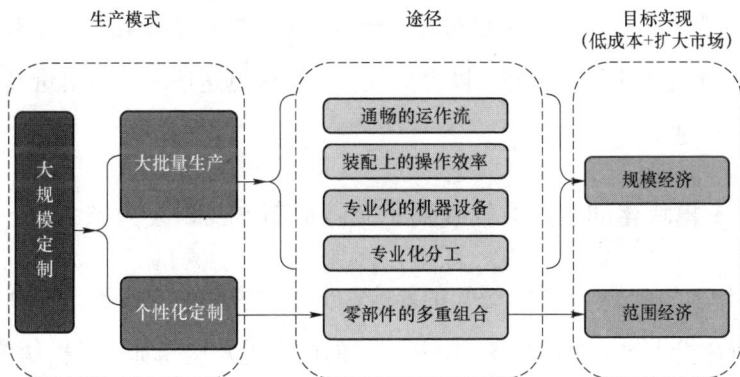

图9-14　大规模定制目标的实现

模块化的产品设计包含两个核心步骤：创造模块和安排模块。创造模块就像一个"开发"阶段，它根据特定的规范将产品打造成由模块作为主要结构的部分，这也是实现模块化的必要条件。安排模块则是在全面考虑用户需求的基础之上，受到产品设计限制的影响，通过评估各个功能、性能的模块结合的可能性与合适度，从而安排出符合用户个人需要的产品的流程。

五、模块化的生产方式转型成效

模块化产品设计是解决大量定制和压缩生产周期的关键因素；模块化还可以在快节奏的市场环境中提升制造企业的战略柔性；模块化将产品的差异化延后从而降低了快速应对消费者需求所要投入的研发成本。

（一）模块化的生产方式增强了企业的柔性

传统的组织架构强调遵循一致的指挥原则，并通过严谨的层级制度来管理公司。然而，随着公司规模的扩大，公司的层级制度逐渐增多，导致冗余的组织架构。在模块化的生产模式中，公司之间的联系变得更为灵活，战略协同关系也因此得以实现，在这样的关系中，模块集成商可以持续优化模块化的价值链。随着模块化构建的公司之间生产网络的兴起，原本只需一个公司负责的全部生产和运营，如今已经变得多个公司共同参与，这样就突破了那些负责整个生产和运营流程的垂直一体化公司的边界。利用模块化科技，公司能够通过优化资源分布，以更高效的方法来迅速适应日益繁重且不断变化的市场需求。

（二）模块化的生产方式提高了企业的新产品研发效率

在传统的制造模式中，公司的新产品开发主要集中在对整个产品的研发上，然而在模块化的生产模式中，新产品的研发更多地侧重于对模块的创新。在模块化的产品研发中，大部分是针对一系列较为简单的产品模块进行研发。当这些模块具备足够的标准化和独立性时，公司就能够独立设计和制造每个模块，从而增强产品设计和制造的灵活性。此外，由于产品结构的模块化，公司能够通过重复使用大多数常规模块、调整少数独立的产品模块来创造新产品，从而将精力集中在与新产品紧密相关的少量模块研发和制造上。所以，那些实施模块化制造的公司能够通过更换有限的产品部件，迅速推出新的产品并增加新的产品类型。这种模块化制造方法让同时开发多个部件变为可能，把整个研发工作划分为各自独立的子工作一起进行，从而减少了研发的时间。各个模块在模块化产品中都表现出很强的独立性，能够在不受其他模块干扰的情况下进行自主设计。采用模块化的制造方法，能够有效地减少新产品设计中各模块间的互动，并且能够降低关键设计的改变频率。此外，模块化的制造方法也能够减小产品开发的风险：采用将全方位创新引发的不确定性分散至各个部分，让创新行为主要聚焦于部分，以此防止对整体系统的稳定产生干扰。简而言之，采用模块化的制造方法能够显著减少公司新产品的研发时间、成本和风险，从而极大地提升了研发效率。

（三）模块化的生产方式降低了企业成本

因为模块化的生产方法具有普遍适用的属性，可以有效地降低交易与研发费用。执行模块化的生产战略，将导致供货商的总数下降，并且形成了长期的协同与信赖，从而显著地降低了因为双方的对话、磋商、争论、决定等导致的交易费用。通过生产者和供货者的协同，能够有力地克服不同地方机构的贸易和非贸易难题。通过对模块的再利用，可以降低研发费用。采取模块重用的手段，能够利用已经搭建好的模块库，从而缩短开发时间，降低产品研发的费用，并且能够有效地应对设计落后于实际生产的难题，从而为协同创新的战略提供技术上的帮助。执行模块化策略，增强了各种元器件的模块化与普适性，进一步推动元器件的共享，这对执行合作创新策略构建了强大的支持。同时，由于各个模块公司都集中精力关注其主要领域，员工在持续的日常互动过程中习得了一些普遍的技术表达方式，因此，相较于传统的非模块化机构，它们的协同效应更佳，能够达到更优秀的沟通效果，让信息的传递变得更加流畅。再者，所有的模块化生产方法都需依赖于互联网的经济环境，这样可以保证模块生产者之间的交流更为便捷，同时也提高了模块生产者的信息传递设施的技术水平。所以，采用模块化生产方式，公司的内部信息传递效果会优于非模块化生产方式，从而减少了交流的开销。

（四）模块化的生产方式提升了企业的顾客满意度

采取模块化的制造策略，公司可以迅速处理客户的技术难题，同时也可以立即给予他们必要的配件和服务，以此提高客户的服务质量，进一步提升他们的满足感。在这种制造策略中，新的产品的研发与设计会使用已经存在的标准模块，这样不仅可以减少时间消耗，也可以节省机器资源，最终达到快捷的交付效果。此外，由于其高度的组件性质，能够更轻松地找出产品出现故障的部分，而且，当故障被找出之后，能够迅速地替换故障部分。采用模块化制造技术的公司，有能力把质量问题锁定在模块层面，而工程师也有能力更迅捷地识别并处理这些问题。这样的公司，能够在保持对消费者使用产品无影响的前提下，为消费者提供增强的、额外的和个性化的配置，从而优化其产品。另外，模块化公司可以调整一些单一的组件以符合各个地域的政策要求，如各种能源的获取途径及对于有毒物质的管理策略。简言之，这种模块化的生产策略可以让公司向消费者提供优质的商品与服务，进一步增强消费者的满足感。

第十章　影响模块化创新的要素分析

长禾古由国外向国内模块化转型成功的关键在于产品模块化创新。但是判断一个企业是否适宜模块化的创新，其中还需要一些必备的前提条件，本章就这些促成模块创新的条件进行了梳理，从宏观、中观和微观三方面进行分析。

一、模块化创新的宏观要素

（一）针对中小制造企业的实际支持

经过探究，发现政府的创新政策对于传统制造业中的大型企业自主创新有着显著的推动作用。然而，中小企业对前期的创新政策的整体评价并不高，创新政策对于中小企业自主创新的支持和推动作用并未得到普遍接受。已有的分析表明，中国前期的创新政策中大部分的政策主要针对大型企业、高科技企业及新兴产业。毫无疑问，政策的影响力是一个逐步扩大、由关键点向普遍推进的过程，政策的引导作用也在不同的发展阶段需要进行差异化的调整。

在现实情况下，传统的制造业的中小型公司可能会面临持久的经济变革过程中的各类生存与成长的难题，独立的创新或许是应对这些难题的战略手段。但是，绝大多数公司并未被激起创新的热情——它们并未找到足以激发创新活力的关键契机，也并未找到足以支持他们进行创新的根本要素。对于许多经典的中小规模公司来说，"化危为机"仅是它们的理想，如果希望能够跟上行业的变革和提高，或者能够在创新和发展的道路上占据先机，那么仍然需要战胜各种挑战。在当前环境之下，政府的角色及其政策的价值变得至关紧要。高效的政策引领以及真正的政策援助可以协助公司克服初期创新过程中的许多难题，减少创新引进的时间，加强对于创新发展的生活观，并增加创新的效果，这个观点已经通过全球主流的创新型国家的中小企业的发展过程得到了验证。

（二）国家和地方政策的双联动

近些年，我国推出了许多有利于中小企业发展的政策，在前文有过详细说明，此处不再赘述。在国家的大政方针确定后，地方政府的相关文件对于所有政策的执行起着至关重要的作用，它们也是所有中小企业所倚赖的根基，因此，各地应在宏观的政策背景下尽快进行改良自己的政策。此外，如果政府想要推动科技创新活动更广泛、更繁荣，除了需要有优秀且完备的政策，还需要不断改进自己的行政行为，提高政务质量和服务意识，并在保证公正的同时追求效率。

二、模块化创新的中观要素

（一）公平的市场机制

企业自我创新的驱动力来自于不断改善的生存和发展环境，环境的重要性则体现在应市场规则和服务观念上，即市场结构和创新服务系统。经过本书的实证分析得出结论：一方面，市场机制能够明显地影响传统制造业中的中小企业，从而提升其自主创新的能力；另一方面，问卷调查的数据也揭示了，在所有的内外部驱动因素中，市场机制的表现水平是最差的。优秀的市场体系、公正的市场氛围，以及有序的市场结构对于激发和维护传统的中小企业的自我创新活力更为有益。为了让公司能够自我创新，营造一个优质的市场氛围，行业管理部门需要真正承担起责任，深度探讨当前市场体系中对于创新发展存在的各种问题，并提供实际可行的解决策略或监督手段。

（二）行业协会的协调服务

行业协会等组织在经济发展中起着关键的角色，它们在行业内部扮演着规则的设定者和裁判员的职责。这些组织在强化市场研究、反映企业需求、调解行业争端、规范企业运营、保持市场秩序、整合产业资源、推动行业进步等方面的影响力日益增强。为了真实地执行保持行业市场秩序的任务，并且为众多的中小型企业的自我创新活动打造一个和谐的市场环境，行业协会不仅需要进一步改良行业的运作规则，构建以公平竞争为基础的市场淘汰机制，还必须防止变成被称为"富人俱乐部"的地方，也就是说，不能变相地成为少数大型企业的"代言人"。

三、模块化创新的微观要素

中小制造企业由于资金规模较小，应对风险能力较差，人力资源及人员业务能力都相较大型企业而言较弱。本项目通过对长禾古公司的研究，总结里企业层面对于模块化转型中的重要影响因素。

（一）扁平的合理的组织结构

通过模块化设计达到大规模定制生产组织需要各个部门之间进行深入的信息沟通和跨领域的协同工作，无论是在市场推广、研发、设计、制造，还是销售等各个环节，都需要公司内部或者公司之间在一定层面上进行协同工作。传统的等级制组织结构并不能迅速且灵活地适应市场的变化。要实现大规模定制，必须依赖于整合的组织架构，同时也需要灵活的系统设计。整合的组织架构让每一项功能、单位和个体都以满足特定客户需求为核心，进行有效的协同工作，迅速适应客户的需求和产品的多样化。这就要求企业抛弃传统大批量生产模式下过于固定、深度割裂的层级组织架构，选择反应迅速、容易重塑的扁平化的组织架构。柔性系统具备适应市场、客户需求，以及产品种类的持续变化的能力，其组织内的每个职能部门、生产单位甚至每个员工都能对这些预期和未预期的变化做出迅速的响应并采取适时的行动。传统大批量生产与大规模定制组织结构的对比如表 10-1 所示。

表 10-1　传统大批量生产与大规模定制组织结构的对比

等级制组织结构的特点	扁平式组织结构的特点
1. 知识与信息集中在企业高层；	1. 更少的中间管理层，更宽的控制幅度；
2. 命令必须按等级由上而下传达；	2. 采用自我管理小组或团队；
3. 信息按等级由下而上传递；	3. 授权熟练员工管理他们自己的工作并承担责任；
4. 等级制底层人员听从命令；	4. 大多数工人是知识工人
5. 工人不参与设计他们自己的工作过程。	5. 员工拥有计算机化的知识、决策支持系统、专家系统和有力的工具；
	6. 所有员工都可得到任何信息；
	7. 信息从底层直接传到顶部；
	8. 团队能够被分布在不同的地方；
	9. 知识工人发展高度专业化的技能，能被应用到很远的地方。

（二）有效的产品开发策略

为客户提供符合其个性化需求的产品。是大规模定制的主要目标，这不仅要使产品多样化，还要确保企业的效率和利润。因此，企业需要找到能够解决这两个问题的有效产品开发策略。传统的产品设计主要是针对特定产品实例进行的，其设计过程中的问题主要集中在产品设计本身。然而，在大规模定制模式下，设计过程中需要考虑产品生命周期中的多个环节相关因素，具体的改变过程见图 10-1。

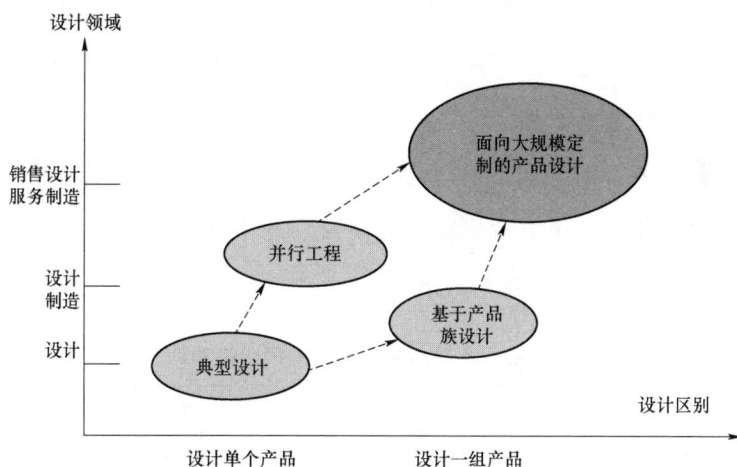

图 10-1　传统设计与大规模定制设计关系图

公司的产品研发构建了其大规模定制的根基，而这种研发能力和大规模定制的三个核心元素密切相连。公司是否拥有以较少的费用、较高的效率来研发各种类型的产品的技术，会对其向大规模定制的过渡起着决定性的作用。实际操作表明，产品的花费主要取决于设计，特别是早期的理论构想。一个产品的理论构想会在一个产品的使用期限内形成累积的花费，一旦理论构想被完善，那么该产品在使用期间的累积花费也已经被确认。当产品投入生产时，整体花费不会超出理论构想花费太多。显然，要想以较少的费用和较高的效率来生产各种类型的商品，核心在于对商品架构的设计。

（三）制定策略并有效的执行

任何不想通过重大的过程转变就从大批量生产旧模式进入大规模定制新模式的企图都不会成功。大规模定制是在大批量生产占主导地位的背景下，依靠将每一项业务功能集中在更加适应市场动态多变的主题上。新竞争模式把大规模生产的负面影响变为对公司、员工及社会的积极作用。获得了对外部环境变化的灵活而快速的响应能力。

根据表 10-2 的内容，可以明显观察到，随着环境变化的加剧，传统的大批量生产方法已经无法适应市场的快速变化的多元化需求。因此，公司必须设计适当的产品研发战略，对流程及组织架构进行改良，并采取有力的手段来激励员工的主观热情与活力，并且持之以恒地推进流程的变革，这样才能让公司展示出大规模定制的属性，并最终达到大规模定制化的生产方案的目的。

表 10-2　大规模生产与大规模定制对比

大规模生产	大规模定制
低成本、稳定的质量，标准产品	买得起、高质量、定制产品
统一的市场	多元化细分市场
稳定的需求	需求分化
产品生命周期长	产品生命周期短
产品开发周期长	产品开发周期短
以操作效率为主	以整个过程效率为主
规模经济	规模经济加范围经济
大批量	单件、小批量
刚性生产	柔性生产
管理费用高	管理费用低
库存大：按计划生产	无库存：按订单生产
高成本多样化	低成本多样化
思想与行为相分离	思想与行为相结合
缺乏对工人技能的投入	对工人的高利用和高投入
管理者和雇员之间的关系差	联盟意识
突破性创新	突破性创新加渐进创新
创新与生产相分离	创新与生产相结合
与供应商之间的关系差	与供应商之间相依存
忽略了很多客户需求	对变化的客户需求的快速响应
短期管理决策	管理者和工人共同制定长期和短期决策

第十一章　模块化创新的总结建议

通过长禾古模块化转型的案例深度调研，总结出对中国传统制造行业的中小型企业模块化转型的合理化建议。本章据前述的研究发现，需要将如何有效地改变中国传统制造业中小企业自主创新动力不足的问题，作为一些关键的观点和建议呈现在本章。依据常规的政策（对策）探讨模型，本章从政府和企业两个不同角度，提出一些改进建议。

一、政府

创新一直是中小企业成长的核心，它是中小企业的活力源泉。根据本书关于中小企业创新与产业提升的研究成果，建议政府部门在以下几个领域加大支持力度，提供持久且实质性的帮助，打造一个有利的创新环境。同时，中小企业也需要正确理解并应对自我创新的挑战，不断突破自我限制，形成持久的竞争优势。政府需要根据实际情况，对中小企业的服务和管理机构进行调整，以追求实际和高效；政策需要系统化和配套化；并且要适时调整政策的重点，保持正确的政策方向。

（一）提供中介平台做好媒介服务

研究表明，应该在技术中介服务机构、公共技术服务平台、信息服务及预算扶持等方面，为中小企业创造一个优质的外部环境。应该培养和发展这些机构，也鼓励这些机构、行业协会及引导作技术服务企业为中小企业提供信息、设计、研发、共性技术转移、技术人才培养等服务，以推动科研成果，特别是拥有自主知识产权的科研成果的商品化和产业行股权化。根据国家的现行政策，单位和个人通过技术转让、技术开发以及相关的技术咨询、技术服务获得的收益可以享受税收优惠。为了推动技术中介服务机构的发展，国家相关部门需要研究并制定支持政策。同时，各地也需要增强对这些机构的支持。

（二）加强公共技术资源建设

根据浙江各个区域的产业发展状况，以市场需求为指引，全面整合社会科技资源，在产业聚集地快速构建适当的公共技术服务平台，达到特色资源的最佳分配和高等学府的有效运用，推动中小型企业加快自主创新步伐。同样，中小型企业之间也需要技术互动和协作，增大技术资源的使用效益，达到科技资源的高效分享，以此来持续提高中小型企业的自我创新能力。企业及社会各界应积极投身于中小型企业的公共技术平台的建设，政府相关机构也应该加强对这些平台的政策扶持。

创建针对中小型公司的信息服务架构：所有层次的中小型公司的管理单位需完善其信息服务架构；所有层次的中小型公司的管理单位需完备其信息服务网络。优化中小型公司的信息化建设的基本环境，调整技术资源的分布，推动中小型公司之间、中小型公司与高等教育及科研单位之间，以及中小型公司与大型公司之间的技术沟通和协同。逐渐构建一个将网络技术信息、技术咨询及线下专业技术服务融为一体的服务体系，以增强技术服务的实时性。需要设立定期或者不定期的信息发布机制，并创建一个信息发布平台，以便能够实时向公众公开行业、技术及市场的最新动态，以便让中小型企业能够及时了解到最新的产业和市场发展趋势。

（三）全面创新的政策支持

政府可以推出相关的政策以鼓励中小型企业进行自我创新，这种自我创新的过程需要政府全面的财务援助和指导。政府可以制定明确的政策来支持这些中小型企业，以便它们能够更好地投入研发工作，从而提高他们的自我创新能力。

1. 推动中小型企业增加研发投入，并支持设立研发机构

对于中小型企业的技术开发费用税前扣除，必须严格遵守最新的相关规定。政府可以激励和支持有条件的中小型企业设立企业技术中心，或者与大学、科研机构合作设立研发机构；政府可以为推动中小型企业深度融入产学研结合而建立服务平台，以提升中小型企业的自主创新能力。

2. 政府需要逐渐增强财务援助的强度

不断增加由中央（或者地方）财政拨款来支援中小型企业成长，并且主要关注中小型企业的科技创新。建立国家或者地方级中小型企业成长基金，最大限度的利用财务援助来推进中小型企业的成长与创新，从而激励社会资本来帮助这些企业的成长。

3. 企业自我创新的采购支持

设计针对中小企业发展的特定策略，增加对中小企业商品、项目和服务的采购量。进一步增强政府采购信息的公开性，优化政府公共服务的外包体系，为中小企业提供更多的参与机会。在所有级别的政府部门的采购过程中，如果条件相同，优先考虑《政府采购自主创新产品目录》中的中小企业产品。同时，对于那些对推动经济社会进步起着关键作用的自主创新产品，也可以通过政府采购来提供支持。

（四）改善外部融资环境

优化中小企业的外部融资环境，有利于扩大中小企业的融资途径，减轻

中小企业的融资压力。

1. 优化中小型企业的银行融资途径

政府应该激励并推进国有商业银行及股份制银行等建立专门为中小型企业提供金融服务的机构，并且完善中小型企业的信用业务体系，以此来持续增加中小型企业获取中长期贷款的数量和占比。为了提高银行业的贷款审批效率，政府可以持续优化小企业的财产抵押制度及贷款抵押物的确定方法。鼓励并引导各种金融机构根据中小企业的特性，组织对中小企业进行信用评估，对于信誉良好、创新能力强的中小企业，可以确定相应的授信额度并给予重点支持。中小企业管理和知识产权部门通过信息服务平台或其他方式，积极向金融机构推荐中小企业自主知识产权项目、产学研合作项目、科技成果产业化项目、企业信息化项目、品牌建设项目等，以此推动银行与企业的合作，促进中小企业的创新发展。

2. 创建并优化中小型企业的金融服务

政府需要推动设立小型商户的货币风险赔付基金，同时也需为小型商户的坏账损失提供合理的风险赔付。推动建立创新型投资指导基金，激励社会资本为中小型公司提供创业投资及独立创新的支援，并且大力推动股权投资基金的发展。

3. 积极推行融资服务的信用信息服务系统

加强对中小企业信用制度的建设，构建并优化中小企业的信用信息收集与评估机制，对中小企业的融资信用评估数据进行完善与丰富，以便为中小型企业的融资提供便捷且迅速的查询服务。

二、企业

（一）强化组织学习提高技术集成能力

技术集成影响模块创新和架构创新的实证研究表明，技术集成创新是中国本土模块企业实现技术追赶、跨越式发展及突破价值链低端锁定的有效方法和策略。技术集成能力作为企业关键的动态能力之一，其自身具有产品构建、技术选择、技术吸收及技术重构等功能，在复杂多变的市场环境下，技术集成能力上述四方面功能的发挥进一步要求企业必须实现技术、知识集成和产品架构间的高效协同。换言之，本土模块企业应实时关注、预测技术发展变化趋势，通过对新技术的破解、学习，广泛吸收企业外部技术知识，并积极参与自身研发与专利申请活动。不仅要关注产品的内部模块创新，同时也要关注产品架构的创新，在实现技术集成对模块化产品创新的基础支撑作用之上，最大化地实现市场导向、战略引领及组织支撑三者协同发展。

在技术创新商业化过程中，模块化企业为了实现产品创新，两种组织学习方式与技术集成创新的协同必然成为重要的战略考量。这对企业重视核心能力培育，而忽视组织外部环境影响，忽视企业主动学习与核心能力间匹配、协同的发展战略提出了预警。因此，本土企业应该以不同的组织学习方式为切入口，充分发挥不同的学习方式在模块化创新中的作用，实现大规模技术集成创新。本土企业为实现模块和架构创新水平的快速提升也可以考虑外部合作机制主导下的外部学习机制，不同规模、不同技术水平的企业应当选择不同的学习机制，明确自身在模块化生产网络中的位置，制定适合自身的创新战略。

中国本土企业模块化产品创新的实现，也离不开国际模块集成商弱控制、模块创新高自由度与开统性等特征。这要求企业在承接模块前、须对模块创新的自由度、开放性、受控性等特征进行提前甄别，在此基础上，企业应充分发挥技术能力引致的知识积聚效应与技术势能优势，从而实现对行业竞争伙伴创新模仿行为的抵御与集成模块"选择权价值"的提升，最终实现更高层次、更广范围内的模块技术创新与最优化的创新价值获取。

（二）通过供应链协同发挥模块化的优势

实证研究揭示了供应链协同对新产品模块化绩效的影响，即产品模块化与供应链协同的互动。这意味着，当公司制定模块化策略时，需要预见模块化设计和生产可能对供应链的架构和联系造成的影响，并在供应链决策过程中进行预防性处理，同时也需要全面考虑供应链协同合作对产品模块化实践的改变，以此为依据，选择最适宜的模块化策略，并确定供应链协同合作的深度。同时，也要从信息共享、同步决策、激励同盟等方面加强供应链上各企业间的协同合作，为模块化产品创新提供快速反应的环境。

此外，供应链的协调也能够提高公司的制造灵活性，因为它能够促进信息共享、搭建灵活的生产体系、集成的技术运用和普遍的设备投入，从而加速新产品的研发过程，最终提高新产品的成果。

（三）优化治理结构应对联盟风险

研发联盟投入的策略资源容易受到机会主义的侵害，合作伙伴有强烈的欲望去学习、模仿和内化这些资源，无论是在其他场合使用还是泄露给竞争对手，都会削弱公司的竞争优势。资源的模块化赋予了联盟成员更多的自主权，实现了联盟知识共享与私有知识保护的均衡，减轻了机会主义的威胁。同时，通过标准化的接触界面和降低交互依赖需求，降低了彼此不协调的风险。

当研发联盟面临较大的机会主义风险时，它们更偏好采取更紧凑的协作模式和更复杂的合约。这种紧凑的股权联盟具备更强的成员管理能力，能够迅速、有效地识别并遏止研发联盟中普遍存在的机会主义行为；而复杂的合约则通过明确规定投入知识和技术的数量、方式及应用领域，来限制合作伙伴的滥用，从而遏制机会主义的行为。在面对高度不一致的风险时，研发联盟更倾向于签订较为复杂的合同，通过对合作成果评价准则、合作流程如交流方式、工作流程等的详尽规定来促进双方的协作。选择合适的治理结构需要能够与联盟内部的风险水平达到最佳的匹配，只有这样的治理结构才能保证联盟的顺利运作，实现企业的战略目标。

参考文献

[1] 焦豪，焦捷，高远深，等. 基于动态能力视角的国有中小企业战略转型过程机制 [J]. 技术经济，2017，36（6）：59-65.

[2] 陈琳，李玉刚. 国际化战略实施、公司治理与中小企业商业模式转型——以深圳证券交易所中小上市公司为例 [J]. 科技进步与对策，2017，34（22）：100-106.

[3] 罗利远. 浅谈工商管理对中小企业战略转型的发展意义 [J]. 科教导刊：电子版，2017（11）：139-139.

[4] 赵刚，江平宇. 面向大规模定制的 e-制造工艺优化决策方法研究 [J]. 中国机械工程，2007，9（5）：1056-1059.

[5] 周康渠，韩晓刚，朱晓红，等. 基于客户满意的产品定制模型研究 [J]. 计算机集成制造系统，2004，11：1338-1342.

[6] 赵凯. 基于个性化产品定制的参数化设计系统研究 [D]. 沈阳：东北大学，2009.

[7] 彭军强，史明华，于鸿彬. 客户需求驱动的机械产品个性化定制系统研究 [J]. 制造业自动化，2011，3：67-70.

[8] 周广，常生德. 关于大规模机械定制工程的产品设计探究 [J]. 煤炭技术，2013，2：238-240.

[9] 张震宇. 中国传统制造业中小企业自主创新动力要素及其作用路径研究 [D]. 成都：西南交通大学，2009.

[10] 冯军政. 破解企业不连续创新：驱动力、路径与效应 [M]. 杭州：浙江大学出版社，2022.

[11] 蒋勤峰，田晓明，王重鸣. 企业动态能力测量之实证研究—以 270 家孵化器入孵企业为例［J］. 科学学研究，2008，26（3）：604-611.

[12] 石春生，何培旭，刘微微. 基于动态能力的知识资本与组织绩效关系研究［J］. 科技进步与决策，2011，28（5）：144-148.

[13] 刘井建. 创业学习、动态能力与新创企业绩效的关系研究—环境动态性的调节［J］. 科学学研究，2011，29（5）：728-734.

[14] 邸晓燕，张赤东. 产业技术创新战略联盟的类型与政府支持［J］. 科学学与科学技术管理，2011（4）：78-84.

[15] 徐峰，许端阳. 国外政府支持重大科技计划或专项组织管理特征分析与借鉴［J］. 科技管理研究，2011（14）：37-40.

[16] 余泳泽. 政府支持、制度环境、FDI 与我国区域创新体系建设［J］. 产业经济研究，2011（1）：47-55.

[17] 陈清. 国外政府支持自主创新的经验及其启示［J］. 亚太经济，2006（6）：118-120.

[18] 张钢. 企业组织创新研究［M］. 北京：科学出版社，2000.

[19] 郭爱芳，周建中. 美国政府采购支持技术创新的做法及其借鉴意义［J］. 科学与科学技术管理，2003（1）：49-51.

[20] 李兴旺，高鸿雁，武斯琴. 动态能力理论的演进与发展：回顾及展望［J］. 科学管理研究，2011，29（1）：92-96.

[21] 秦勇. 管理学理论、方法与实践［M］. 北京：清华大学出版社，2013.

[22] 朱家诚. 基于 Web Services 的客户定制产品设计系统研究［D］. 合肥：合肥工业大学，2005.

[23] 袁小林，史明华，陈立. 面向工程机械产品配置的客户需求分层模型研究及应用［J］. 工程机械，2009，12：1-6.

[24] 任爱莲，秦俊文. 新形势下民营企业转型升级研究［J］. 理论探讨，2019（3）：106-122.

[25] 曹虹剑等. 模块化、产业标准与创新驱动发展—基于战略性新兴产业

的研究 [J]. 管理科学学报 2016，19（10）：16-33.

[26] 徐峰. 中小企业技术与非技术创新模式的研究 [D]. 杭州：浙江大学，2010.

[27] 郭润萍，蔡莉，王玲. 战略知识整合模式与竞争优势：高技术创业企业多案例研究 [J]. 科研管理，2019，40（2）：97-105.

[28] 郭文臣，谢树强，崔晓跃. 制造企业智力资本对竞争优势的作用机制研究 [J]. 科技与管理，2019，21（2）：64-73.

[29] 江积海，刘敏. 动态能力重构及其与竞争优势关系实证研究 [J]. 科研管理，2014，35（8）：75-82.

[30] 张鹏，宋丽雪. 基于产品模块化组织差异分析的中国制造企业竞争策略 [J]. 软科学，2015，29（4）：48-52.

[31] 周翔，吴能全，苏郁锋. 基于模块化演进的产权理论 [J]. 中国工业经济，2014（10）：110-121.

[32] 王凤彬，李东红，张婷婷，等. 产品开发组织超模块化及其对创新的影响——以丰田汽车为案例的研究 [J]. 中国工业经济，2011（2）：131-141.

[33] 钟龙，机械设计中的模块化设计方法探讨 [J]，设备管理与维修，2018（16）：178-179.

[34] 陈彪，鲁喜凤，尹苗苗. 投机导向、创业战略与新企业竞争优势 [J]. 科研管理，2019，40（8）：82-91.

[35] 高卫国，徐燕申，陈永亮，章青，广义模块化设计原理及方法 [J]，机械工程学报，2007（6）：48-54.

[36] 胡维刚. 机床模块化设计及其智能支持系统的研究与实践 [D]. 武汉：华中理工大学，1993.

[37] 盛伟忠. 企业互动创新与创新能力提升机制研究 [M]. 北京：科学出版社，2021.

[38] 白嘉. 模块化产业组织技术创新与产业升级 [M]. 北京：中国经济出

版社，2013.

[39] 童时中. 模块化原理、设计方法及应用 [M]. 北京：中国标准出版社，2000.

[40] 叶永进. 装备类产品模块化快速设计方法及关键技术研究 [D]. 重庆：重庆大学，2010.

[41] 刘长义，温海骏. 制造柔性、产品多样性与制造绩效关系的实证 [J]. 统计与决策，2014（2）：179-182.

[42] 龙勇，张鲲鹏. 战略联盟中的合同复杂度与知识泄漏风险——产品模块化的调节作用 [J]. 科技管理研究，2015，35（15）：152-155.

[43] 马鸿佳，宋春华，葛宝山. 动态能力、即兴能力与竞争优势关系研究 [J]. 外国经济与管理，2015，37（11）：25-37.

[44] 孟凡生，赵刚. 创新柔性对制造企业智能化转型影响机制研究 [J]. 科研管理，2019，40（4）：74-82.

[45] 沈玖玖，吴成，蒋雨婷，等. 数据素养对科研绩效的影响模型分析 [J]. 情报理论与实践，2017，40（6）：44-50.

[46] 盛革，丁孝智. 模块化价值网及其财务管理框架——基于虚拟化的协同网络视角 [J]. 技术经济与管理研究，2013（2）：64-68.

[47] 王瑜，任浩. 模块化组织价值创新：内涵与本质 [J]. 科学学研究，2014，32（2）：282-288.

[48] 温忠麟，叶宝娟. 中介效应分析：方法和模型发展 [J]. 心理科学进展，2014，22（5）：731-745.

[49] 武建龙，王宏起. 战略性新兴产业突破性技术创新路径研究——基于模块化视角 [J]. 科学学研究，2014，32（4）：508-518.

[50] 肖鹏，王爱梅，刘金培. 企业国际化与竞争优势：动态能力的中介效应 [J]. 科技进步与对策，2019，36（11）：85-91.

[51] 徐万里，吴美洁，黄俊源. 成本领先与差异化战略并行实施研究 [J]. 软科学，2013，27（10）：45-49.

［52］ 徐升华,王曲舒,刘冬.企业跨行业创新获取竞争优势的模式研究［J］.中国工业经济,2019（3）：175-192.

［53］ 许正良,冯小东,陈太博.制造柔性概念困惑辨析及关系模型构建［J］.中国软科学,2014（3）：135-141.

［54］ 杨瑾,郝姿容.生产性服务外包、产品模块化与高端装备制造企业竞争力——动态能力调节的视角［J］.研究与发展管理,2017（6）：38-48.

［55］ 杨瑾,孟艳梅.产品模块化对中国航空高端制造业集群升级的影响：一个有调节的中介效应模型［J］.技术经济,2016,35（1）：9-15.

［56］ 杨瑾,王雪娇.模块化、知识流动与装备制造业集群企业创新绩效［J］.软科学,2019（12）：47-52.

［57］ 游博,龙勇.模块化对新产品绩效的影响——基于模块化系统间联系及绩效影响机制的实证研究［J］.研究与发展管理,2016,28（5）：91-99.

［58］ 俞会新,邢丽云.网络嵌入、绿色创新与企业竞争优势关系研究［J］.技术经济与管理研究,2019（9）：33-38.

［59］ 张鹏,宋丽雪.基于产品模块化组织差异分析的中国制造企业竞争策略［J］.软科学,2015,29（4）：48-52.

［60］ 张煜,龙勇.模块化系统间逻辑关系及制造敏捷性的中介效应研究［J］.软科学,2018,32（9）：119-123.

［61］ FAINSHMIDT S, WENGER L, PEZESHKAN A, et al. When do Dynamic Capabilities Lead to Competitive Advantage? The Importance of Strategic Fit［J］. Journal of Management Studies, 2019, 55(4): 758-787.

［62］ 黄阳华.美国"再工业化"战略与第三次工业革命［J］.中国党政干部论坛,2013（10）：23-26.

［63］ 黄群慧."第三次工业革命"与"制造业服务化"背景下的中国工业化进程［J］.全球化,2013（1）：97-104.

［64］ 侯亮,唐任仲,徐燕申,产品模块化设计理论、技术与应用研究进展［J］.机械工程学报,2004（1）：56-61.

［65］谌炎辉. 复杂机电产品模块化设计若干关键技术及应用研究［D］. 西安：西安电子科技大学，2013.

［66］钱德勒. 战略与结构：美国工商企业成长的若干篇章［M］. 北京：机械工业出版社，2010：55.

［67］杨凯靖，陈章旺. 战略转型理论及其发展. 质量技术监督研究［J］. 2009（4）：15-20.

［68］唐健雄，王国顺，周勇. 动态环境下的企业战略转型的动因与阻力研究［J］. 矿冶工程，2008（2）：101-104.

［69］柯建峰. 基于互联网能力的传统制造企业战略转型研究［D］. 武汉：武汉理工大学，2017.

［70］李艳双，马朝红，杨妍妍. 企业家精神与家族企业战略转型——基于多案例的研究［J］. 管理案例研究与评论，2019（3）：273-289.

［71］王其藩. 系统动力学［M］. 北京：清华大学出版社，1994.

［72］芮明杰. 第三次工业革命的起源、实质与启示［N］. 文汇报，2012-09-17.

［73］杰里·米里夫金. 第三次工业革命——新经济模式如何改变世界［M］. 张体伟，孙豫宁，译. 北京：中信出版社，2012.

［74］孙林岩，李刚，江志斌，等. 21世纪的先进制造模式——服务型制造［J］. 中国机械工程，2007，18（19）：2307-2312.

［75］项国鹏. 企业战略变革的知识视角研究［D］. 南京：南京大学，2003.

［76］谌炎辉，周德俭，袁海英，等. 复杂产品的最小最大划分模块化方法［J］. 计算机集成制造系统，2012，18（1）：9-14.

［77］程贤福，罗珺怡. 考虑两两模块之间关联关系的产品模块划分方法［J］. 机械设计，2019，36（4）：72-76.

［78］田光辉，黄洁，艾波. 关于模块独立性的定量分析［J］. 北京邮电大学学报，2000（2）：29-33.

［79］贾延林. 模块化设计［M］. 北京：机械工业出版社，1993

[80] 刘莹，张一川，张斌，等. 基于行为效果的服务可替换性分析 [J]. 计算机研究与发展，2010，47（8）：1442-1449.

[81] 孙剑萍，汤兆平. 产品平台设计的可适应性研究与评价 [J]. 制造业自动化，2019，41（9）：37-45.

[82] 罗珺怡. 面向可适应性的产品族模块化设计方法 [D]. 江西：华东交通学，2018.

[83] 余东华，芮明杰. 基于模块化网络组织的价值流动与创新 [J]. 中国工业经济，2008，249（12）：48-60.

[84] 张治栋，荣兆梓. 模块化悖论与模块化战略[J]. 中国工业经济，2007，227（2）：67-74.

[85] 樊燕萍，安俊. 系统思维方法与系统动力学在战略并购问题上的应用 [J]. 系统科学学报，2013（3）：74-77.

[86] 龙绍飞. 基于系统动力学的港口物流企业转型升级策略研究 [D]. 广州：华南理工大学，2015.

[87] TORRES J P. System Dynamics Review and publications 1985-2017: analysis, synthesis and contributions [J]. System dynamics review, 2019, 35(2): 160-176.

[88] 曹振华. 企业转型战略管理模型建构与实证研究 [D]. 上海：复旦大学，2006.

[89] 陈思雨，樊树海，魏霞，等. 基于 Flexsim/JMP 开放式交互的大规模定制质量仿真系统设计与开发 [J]. 组合机床与自动化加工技术，2017（2）：116-118，122.

[90] 任蒙蒙，樊树海，凌宁. 大规模定制生产下的全面信息质量管理概述 [J]. 制造技术与机床，2018（8）：34-37.

[91] 董兰娟，樊树海，黄婷华，等. 大规模定制多元质量控制概述 [J]. 现代制造工程，2013（12）：125-129.

[92] 张煜，杨珂. 模块化产品创新：实现路径与绩效研究 [M]. 北京：经

济科学出版社，2021.

[93] 卢星冉，曹磊. 基于服务供应链的零售企业战略转型 [J]. 商业经济研究，2019（23）.

[94] 何小钢. 跨产业升级、战略转型与组织响应 [J]. 科学学研究，2019，37（7）：1238-1248.

[95] 贾国柱，栾世超，陈亮，闵成. 基于流程模块化的虚拟制造单元构建方法 [J]. 系统工程理论与实践，2012，10（32）：2111-2119.

[96] 魏巍，许少鹏，梁赫. 基于环境资源因子的产品平台模块划分方法 [J]. 计算机辅助设计与图形学学报，2016，28（2）：335-344.

[97] 田楚楚. 基于用户需求的产品模块化配置设计及评价 [D]. 杭州：浙江大学，2019.

[98] 薄振一，耿秀丽，何建佳. 面向绿色再制造的产品模块划分方案评价方法 [J]. 资源开发与市场，2019，35（10）：1225-1230.

[99] 方晓耿，谌炎辉，谢国进. 模块划分的多目标评价方法研究 [J]. 广西科技大学学报，2017，28（4）：119-123.

[100] 许洁，高峰，胡修壹. 基于 TRIZ 与模块化效益法的电梯生命周期评价指标体系的构建 [J]. 机电产品开发与创新，2017，30（2）：16-19.

附录 1 "制造业中小企业互动创新机理研究"预调查问卷

中小制造企业作为推动我国经济发展的中坚力量，面对其依靠的"人口红利"不断消失、依赖资源要素投入和规模扩大的粗放式发展模式正在逐步瓦解，中小企业如何通过改变生产方式来减少企业成本是目前亟需研究的内容。

我们的研究目的是通过对中小企业调研实证企业模块化创新的具体作用机制，从而在此基础上产生相应的政策性建议。课题组承诺：您在调查中所提供的资料将严格保密，相关数据的分析及结果只用于研究。您的参与和支持，对我们的研究实现预期目标非常重要，也是我们研究顺利开展的关键，我们深深感谢您花费时间和精力给予配合。谢谢！

如果您对研究结果有兴趣，我们将在研究完成之后向您寄送一份调查结果，请您提供姓名和联系方式。

您的姓名：_____　　在本企业的工作年限：_____　　电话或 E-mail：_____

1. 企业名称：_____　　成立时间：_____

2. 企业所在地：_____

3. 企业性质：A 国有　B 集体　C 民营　D 合资　E 外商独资　F 其他

4. 企业目前的主营业务：_____

5. 员工数量：A 50 人以下　B 50～199 人　C 200～999 人　D 10 000～1 999 人　E 20 000 人及以上

6. 近三年年均营业额：A 300 万元以下　B 300 万～2 000 万元　C 2 000

万~1亿元　　D 1亿元及以上员工知识背景，请填入数量。

有高等教育经历的员工人数	本科：		硕士：	博士：
	中级：			高级：

7. 与本公司有着研发联系的大学或研究所数量，请在相应框内打钩（包括研发合作、提供技术服务、诊断问题、开发特定设备、利用科研设备、人员培训和其他非正式联系）。

国内			国外		
没有	1~2家	3家及以上	没有	1~2家	3家及以上

8. 对本公司的创新流程作出贡献的知识中介类型，请在框内打钩，"有"选1，"无"选0。

培训机构		咨询机构		行业协会和商会		行业技术中心		生产力促进中心		融资机构		技术交易机构		政府部门	
1	0	1	0	1	0	1	0	1	0	1	0	1	0	1	0

9. 对本公司产品研发创意有贡献或对公司的创新流程作出贡献的供应商数，在相应框内打钩。

对本公司产品研发创意有贡献或对创新流程作出贡献的设备供应商数	没有	1~2家	3家及以上
对本公司产品研发创意有贡献或对创新流程作出贡献的原材料供应商数	没有	1~2家	3家及以上
对本公司产品研发创意有贡献或对创新流程作出贡献的零配件供应商数	没有	1~2家	3家及以上
对本公司产品研发创意有贡献或对创新流程作出贡献的软件供应商数	没有	1~2家	3家及以上
对本公司产品研发创意有贡献或对创新流程作出贡献的行业内非竞争对手数	没有	1~2家	3家及以上
对本公司产品研发创意有贡献或对创新流程作出贡献的商业服务供应商数	没有	1~2家	3家及以上
对本公司产品研发创意有贡献或对创新流程作出贡献的集团内其他公司数	没有	1~2家	3家及以上

10. 市场营销界面的互动：省内—同地区—全国—国际，地域范围依次扩大。

每年参加不同地域范围商品交易会的频次（填数量）	省内	同地区（如华东地区）		全国		国际	
对本公司研发创意有贡献或对创新流程做出贡献的的客户企业数量	没有	1～3 家		4～6 家		7 家及以上	
有没有识别领先用户群体并与他们互动	有			没有			
进行终端用户调查的地域范围	没有	省内		同地区	全国		国际
是否经常分析竞争对手的技术	经常		偶尔		几乎没有		
是否经常分析竞争对手的产品与行为	经常		偶尔		几乎没有		
是否会聘用竞争对手的离职员工	会				不会		

11. 对于前瞻性与创新承诺，按完全不同意 1、基本不同意 2、中立 3、基本同意 4、完全同意 5 取值。

公司在下列事项上的情况	1	2	3	4	5
我们公司考虑到将来趋势并提出良好愿景					
我们公司能准确地对企业在市场中的地位进行再定位					
我们公司能够制定适宜的战略目标与经营思路					
我们公司能聚焦于市场计划帮助组织开发新的竞争能力					
我们公司能快速地增减业务活动以配合战略目标的实现					

12. 人力资源投入。

本公司有没有在这些方面进行相关投入	有	没有
定期对管理人员进行培训		
定期对工程师进行培训		
定期对生产工人进行培训		
派送优秀员工外出学习		
聘请外部专业人员指导工作		
向其他行业学习最佳实践		
购买新的仪器设备		
给管理人员和工程师提供思考的时间		
鼓励员工参加正式的开发活动，如专业研讨和专业会议		
为员工个人提供职业发展机会		

13. 对于高管冒险倾向，按完全不同意 1、基本不同意 2、中立 3、基本同意 4、完全同意 5 取值。

本公司高管在以下事项上的情况	1	2	3	4	5
高管认为高财务风险对于高回报来说是值得的					
高管接受偶尔的新产品失败，认为这是正常现象					
高管敢冒大的财务风险					
高管鼓励创新开发，知道有些是会失败的					
高管喜欢安全地运作					
高管只喜欢实施具有确定性的计划					

14. 对于组织管理能力，按完全不同意 1、基本不同意 2、中立 3、基本同意 4、完全同意 5 取值。

公司在下列事项上的情况	1	2	3	4	5
领导会合理地将权力与责任委派给有能力的下属					
公司制定了合理的规章制度来规范员工的工作					
公司具有灵活的组织管理机构					
公司的市场销售部门与研发部门间有着良好的交流					
公司的研发部门与制造部门间有着良好的交流					
公司能集中力量进行创新活动					
公司能一直保持顺畅地运作					

15. 对于创新文化，按完全不同意 1、基本不同意 2、中立 3、基本同意 4、完全同意 5 取值。

公司在下列事项上的情况	1	2	3	4	5
公司鼓励员工考虑将来的业务机会					
公司清晰地表达了企业的创新战略					
公司鼓励创新与冒险，愿意为失败承担责任					
公司认为对冲突与新思维的容忍能促进创新					
公司有对创意的技术可行性提供反馈的非正式网络					
在公司里，员工的创新建议会得到评估					
在公司里，新颖的创意会在运作中得到快速采纳					

续表

本公司在下列事项上的情况	1	2	3	4	5
公司会对创意的跨部门协作提供支持					
失败的员工总是会得到第二次机会					
在公司里,不同部门的员工有大量的非正式交谈机会					
公司经常分析成功的经验并进行广泛的学习交流					

16. 对于产品创新灵活性,在 1～5 分之间进行选择,得分越少越正式,得分越多越灵活。

问卷题项	完全不同意	不同意	无意见	同意	完全同意
产品成本降低	1	2	3	4	5
新产品(创新项目)数量增加	1	2	3	4	5
申请专利数量增加	1	2	3	4	5
产品生命周期缩短	1	2	3	4	5
研发部门与客户交流频度增大	1	2	3	4	5
企业间技术交流合作频度增大	1	2	3	4	5
企业研发部门与高校、研究所的交流合作水平提高	1	2	3	4	5
研发投入占销售收入的比例增加	1	2	3	4	5
研发人员人数比例增加	1	2	3	4	5

17. 对于模块化产品研发能力,在 1～5 分之间进行选择,得分数表示产品可降解程度。

问卷题项	<10%	10%～30%	30%～50%	50%～80%	80%<
产品的部件可拆分率	1	2	3	4	5
可被重复使用的零部件占产品的比率	1	2	3	4	5
产品的零部件组合标准可共用的比率	1	2	3	4	5
产品的零部件可外包的比率	1	2	3	4	5
具备可兼容 5 种功能以上产品的数量比率	1	2	3	4	5

18. 对于模块化生产柔性,在 1～5 分之间进行选择,得分数表示模块化柔性生产能力。

问卷题项	完全不同意	不同意	无意见	同意	完全同意
生产系统能够有效应对计划交付日期的变化	1	2	3	4	5
生产系统能够有效增减总产量以响应客户	1	2	3	4	5
生产系统能够有效生产多种不同产品	1	2	3	4	5
生产系统能够有效处理产品组合中的增减	1	2	3	4	5
生产系统能够有效处理当前产品中由于纠正措施或改变客户要求而产生的微调	1	2	3	4	5

19. 对于机会识别能力，按完全不同意 1、基本不同意 2、中立 3、基本同意 4、完全同意 5 取值。

公司在下列事项上的情况	1	2	3	4	5
公司能够准确识别人们需要的产品和服务					
公司能够准确感知消费者没有被满足的需求					
公司能够准确捕获商业机会					
公司会花费时间和精力寻求能给消费者带来价值的产品或服务					

20. 对于商业化能力，按完全不同意 1、基本不同意 2、中立 3、基本同意 4、完全同意 5 取值。

本公司在下列事项上的情况	1	2	3	4	5
公司对市场潜力、顾客偏好、购买流程进行了充分的研究					
公司在做商业化计划时进行了良好的市场测试					
公司能较好地识别产品的差异化诉求并依此展开销售					
公司有充足的营销渠道					
公司知道竞争对手对本公司新产品可能的市场反应					
相对于企业的其他产品，本公司的新产品销售量远远高于其他产品					
相对于企业的其他产品，本公司的新产品获利能力远远高于其他产品					

附录2 模块化创新企业抽样问卷

科技创业企业模块化创新情况调研工作旨在了解企业模块化创新的背景和成长历程，为中小科技创业企业的成长决策和政策制定提供科学依据。本调查仅用于政策和学术研究，您个人的回答将对全部样本的统计结果产生影响，研究报告不涉及任何具体企业名称。由于有缺项的问卷不能计入数据库进行有效的统计分析，所以请完成问卷中的全部问题，感谢您的支持和配合。

● 本调查问卷共分两个部分：第一部分是有关企业的基本情况，第二部分是关于企业模块化创新影响因素的调查。

● 本问卷题型主要分为填空和选择两种：填空部分请您在空白处按实际情况填写，选择部分请您在适当的数字上用"√"选择在一般情形下符合您最直接的想法、感觉或行为的选项（可多选）。

● 本问卷没有标准答案，只需要根据实际情况如实加以填写即可，完成全部题项大约需要花费您8~10分钟。

● 填写过程中如有任何疑问，请与您企业的相关负责人员讨论填写。如果您对研究结果感兴趣，请与我们联系（联系方式略）。

一、企业基本情况

（1）企业名称：_____　　成立时间：____年__月

联系电话：_____　　联系人：_____　　职务：_____

手机：_____　　E-mail：_____

（2）企业股本构成情况：

投资主体	国有企业	民营企业	外资企业	个人	其他
股份/%					

注：不是投资主体的请在股份一栏用"-"表示

（3）企业员工结构：

员工总数/人	本科及以下学历	硕士学历	博士学历	具有一年或以上海外学历或工作经历

其中：技术人员____人，销售人员____人，行政管理人员____人。

（4）企业是否经认定为高新技术企业：① 是 ② 否

（5）企业产品或服务所属技术领域情况：

① 电子与信息 ② 生物、医药技术 ③ 新材料 ④ 光机电一体化 ⑤ 新能源、高效节能 ⑥ 环境保护 ⑦ 航空航天 ⑧ 地球、空间、海洋工程 ⑨ 核应用技术 ⑩ 其他高技术 ⑪ 非高技术领域

（6）企业知识产权情况：

截至目前，企业共获得批准专利_____项，企业共购买国外技术专利____项。

（7）企业的技术主要来源于：

① 自主研发 ② 与其他企业合作研发 ③ 与科研机构合作研发

④ 从其他企业购买 ⑤ 其他_____

（8）企业目前处于：

① 创意（创新构思）阶段 ② 技术开发阶段 ③ 产品研制阶段

④ 市场拓展阶段（已完成首次产品销售）⑤ 成熟阶段（已实现首次年度盈利）

（9）企业的主要融资渠道为：

① 银行贷款 ② 股票筹资 ③ 风险资金 ④ 债券融资 ⑤ 企业内部集资

⑥ 科技型中小企业技术创新基金　⑦ 政府种子基金　⑧ 其他渠道（请指明）
____

（10）企业经营概况：

年份	2003 年	2004 年	2005 年	2006 年
总收入/万元				
研发投入/万元				
净利润/万元				
员工人数/人				

（11）如果企业的发展状况未能符合您的期望，您认为阻碍创业企业成长的最重要的制约因素是：

① 信息匮乏（关于市场、客户、融资、财务、人才、运营等方面的信息）② 关键人才缺乏或流失　③ 技术支持有限（技术信息、技术知识、技术能力）④ 缺乏由企业网络、社会机构形成的创业文化氛围　⑤ 其他（请指明）____

二、企业成长

请判断以下有关企业成长资源的说法是否符合贵单位的实际情况，参照下面的标准尺度在您认为恰当的数字选项上打"√"。1 表示完全不同意，5 表示完全同意。数字越大，表示您越赞同这种说法。

1	2	3	4	5
完全不同意	不太同意	一般	比较同意	完全同意

（1）不确定性因素：

U1	企业所在的产业技术变化非常快	1	2	3	4	5
U2	很难预测产业技术在未来 2～3 年内的发展方向	1	2	3	4	5
U3	技术的变化为产业发展提供了巨大的机会	1	2	3	4	5
U4	企业所在产业的技术进展幅度很大	1	2	3	4	5
U5	客户的需求非常难以预测	1	2	3	4	5
U6	客户对产品或服务的偏好非常难以预测	1	2	3	4	5

U7	市场的竞争态势（如参与者、供求活动）非常难以预测	1	2	3	4	5
U8	市场信息难以获得	1	2	3	4	5
U9	人力资本的流动性很难预测（如关键人才流失率）	1	2	3	4	5
U10	技术联盟失败或合作失败的可能性很难预测	1	2	3	4	5
U11	产品的制造工艺和成本变化很难预测	1	2	3	4	5
U12	组织的运营成本变化很难预测	1	2	3	4	5
U13	企业成长能否有持续的资金支持很难预测	1	2	3	4	5
U14	与产业相关的深度技术知识资源难以获得	1	2	3	4	5
U15	生产工艺或专有技术难以获得	1	2	3	4	5
U16	企业的专利价值或无形资产价值变化非常快	1	2	3	4	5
U17	创新项目研发所需投资额度变化很难预测	1	2	3	4	5

（2）创新战略导向：

S1	企业生产的产品是与现有市场产品完全不同的新产品	1	2	3	4	5
S2	企业主要是对现有的产品和服务进行重大改进	1	2	3	4	5
S3	企业的核心技术在同行业中是领先的	1	2	3		5
S4	企业的核心技术是别人无法替代和难以模仿的	1	2	3	4	5
S5	企业的目标市场是发现并满足现有或新客户的新需求	1	2	3	4	5
S6	专注于新的市场细分（指市场缝隙，即利基）	1	2	3	4	5
S7	采取了新的销售方式（如直销或网上销售等）	1	2	3	4	5
S8	拥有自主知识产权产品和独立的商标名称	1	2	3	4	5
S9	建立了全新的业务结构或改变了产业内传统的业务结构	1	2	3	4	5
S10	企业与主要的合作伙伴结成了战略联盟	1	2	3	4	5
S11	采用了融资或投资的新方式（如知识产权融资等）	1	2	3	4	5
S12	实行了业务流程外包（或对产业链进行了集成或分解）	1	2	3	4	5

（3）科技创业企业能力：

C1	企业预测行业技术变化的能力很强	1	2	3	4	5
C2	企业技术开发和新产品开发能力很强	1	2	3	4	5
C3	企业生产设备使用和制造流程能力很强	1	2	3	4	5
C4	企业的创新开发团队具有竞争力	1	2	3	4	5
C5	企业对引进技术的消化和吸收能力很强	1	2	3	4	5

C6	创造和管理稳定的客户关系能力很强	1	2	3	4	5
C7	感知客户需求变化并将其转化成产品的能力很强	1	2	3	4	5
C8	创造并保持与分销商稳定的客户关系能力很强	1	2	3	4	5
C9	企业售后服务能力很强	1	2	3	4	5
C10	获取及构建相关外部与内部资源的能力很强	1	2	3	4	5
C11	对关键技术知识的理解和吸收能力很强	1	2	3	4	5
C12	集成资源和协调各方关系的能力很强	1	2	3	4	5
C13	重组、转化及运用资源的能力很强	1	2	3	4	5
C14	创业团队有共同的、明确的文化和价值取向	1	2	3	4	5

（4）科技创业企业成长绩效：

V1	销售额增长对企业成长来说非常重要	1	2	3	4	5
V2	投资收益率的增加对企业成长来说非常重要	1	2	3	4	5
V3	员工数量增加对企业成长来说非常重要	1	2	3	4	5
P1	我对企业销售额的增长非常满意	1	2	3	4	5
P2	我对企业投资收益率的增长非常满意	1	2	3	4	5
P3	我对企业员工数量的增长非常满意	1	2	3	4	5
S8	拥有自主知识产权产品和独立的商标名称	1	2	3	4	5
S9	建立了全新的业务结构或改变了产业内传统的业务结构	1	2	3	4	5
S10	企业与主要的合作伙伴结成了战略联盟	1	2	3	4	5
S11	采用了融资或投资的新方式（如知识产权融资等）	1	2	3	4	5
S12	实行了业务流程外包（或对产业链进行了集成或分解）	1	2	3	4	5

附录3 长禾古公司市场调查问卷

您好！

我们是一家致力于人体工学智能家具产品研发和生产的公司，我们公司正在对人体工学智能家具产品市场进行研究，所以做了本次调查。麻烦您在百忙之中抽出 3～4 分钟时间填写一下我们的问卷调查，对您的帮助和支持表示感谢！

1. 您是否听说过人体工学家具的概念？（单选题 *必答）

○ 听过

○ 没有听过

2. 如果听说过，您是通过什么渠道了解到人体工学家具的？（多选题 *必答）

○ 互联网

○ 营销广告

○ 专业杂志广告

○ 电视广告

○ 朋友推荐

3. 您是否使用过人体工学家具类产品？（单选题 *必答）

○ 使用过，用过的品牌及产品是 ＿＿＿＿＿＿＿＿

○ 没有使用过（可跳过第 5 题和第 6 题）

4. 您是否看重人体工学家具类品牌？（单选题 *必答）

○ 是

○ 否

5. 您对您所使用过的人体工学家具类产品的价格有何看法？（单选题 *必答）

○ 价格偏高

○ 价格适中

○ 便宜

6. 您对您所使用过人体工学家具类品牌及产品的满意度如何？（单选题 *必答）

○ 十分满意

○ 满意

○ 一般

○ 不满意，因为_____

7. 如果有合适的替代品，您是否愿意选择该替代品？（单选题 *必答）

○ 是

○ 否

8. 您对人体工学家具有何期待？（多选题 *必答）

○ 性价比高

○ 够高大上就好

○ 美观

○ 操作简单、安全

○ 个性化组合满足个性化需求

○ 其他意见_____

9. 您比较愿意接受的人体工学支架类产品价格范围是多少？（单选题 *必答）

○ 200 元以内

○ 200～500 元

○ 500～1 000 元

○ 1 000 元以上

以下信息我们仅用于确保问卷的真实有效性及电话回访，我们将会为您保密所有信息，感谢您的配合！

10. 您的性别是？（单选题 *必答）

○ 男

○ 女

11. 您的年龄段是？（单选题 *必答）

○ 0～18 岁

○ 19～30 岁

○ 31～45 岁

○ 大于 45 岁

12. 您的月收入情况是？（单选题 *必答）

○ 2 000～4 000 元

○ 4 001～6 000 元

○ 6 001～8 000 元

○ 8 000 元以上

附录4 人体工学办公桌椅产品市场需求调查（经销商）

您好！感谢您长期以来对长禾古公司的信任与支持，我公司正在做一项关于"泛星"人体工学办公桌椅产品研发的市场调查，目的在于了解合作经销商的一些看法，您的意见对我们非常重要，这些意见将用来帮助企业更好地研发产品和开拓市场。我们的调查结果只会用在统计分析中，不会对外公开，希望能得到您的支持。

1. 您与长禾古公司合作多久了？（单选题 *必答）

○ 半年以内

○ 0.5～1 年

○ 1～2 年

○ 2～3 年

2. 您覆盖区域的消费者在人体工学概念方面的了解程度总体上？（单选题 *必答）

○ 很好，绝大多数消费者了解并接受

○ 较好，超过一半的消费者了解或乐于了解

○ 一般，不到一半的消费者有所了解

○ 不好，多数消费者不了解也不感兴趣

3. 您覆盖区域的消费者一般通过什么渠道了解认识"泛星"品牌及其产品的？（多选题 *必答）

○ 经销商推荐

○ 互联网

○ 营销广告

○ 专业杂志广告

○ 电视广告

○ 用户口碑

4. 您对所销售的"泛星"人体工学支架类产品的满意度如何？（单选题 *必答）

○ 十分满意

○ 满意

○ 一般

○ 不满意

5. 2016 年上半年至今，您对于经销"泛星"产品的利润感觉如何？（单选题 *必答）

○ 利润可观

○ 适中，性价比合适

○ 偏低，不过有量

○ 太低，严重影响积极性

6. 您在销售的"泛星"人体工学支架类产品的退换率总体如何？（单选题 *必答）

○ 较高，超过 10%

○ 中等，5%～10%

○ 较低，3%～5%

○ 很低，不到 3%

7. 您希望公司为您提供哪些方面的培训支持？（多选题 *必答）

○ 产品知识

○ 行业信息

○ 销售技能

○ 公司政策/制度

8. 基于人体工学家具类产品的销售反馈，您觉得怎样？（多选题 *必答）

○ 功能独立的小家具单品更具优势

○ 整套的人体工学组合家具更具潜力

○ 人体工学桌椅类产品需求较大

○ 个性化定制产品更具优势

9. 您认为人体工学家具行业未来前景如何？（单选题 *必答）

○ 非常好

○ 较好

○ 一般

○ 不容乐观

10. 对于未来我公司在人体工学桌椅产品方面的研发与销售，您的想法是？

○ 市场潜力很大，十分愿意代理销售

○ 市场潜力较大，考虑代理销售

○ 市场潜力一般，暂时观望

○ 没市场，不予考虑

11. 在人体工学家具类产品研发设计方面，您有什么意见？

附录5 人体工学办公家具产品市场需求调查（白领）

您好！

我们是一家致力于人体工学智能办公家具产品研发和生产的公司，为了掌握白领阶层对人体工学智能办公家具产品所持的观点，所以做了本次调查。感谢您在百忙之中抽出时间填写一下我们的问卷调查，对您的帮助和支持表示感谢！

1. 您是否听说过人体工学办公家具的概念？（单选题 *必答）

○ 听过

○ 没有听过

2. 您从事的行业是？（单选题 *必答）

○ 互联网

○ 金融

○ 教育

○ 医疗

○ 公务员

○ 媒体

○ 自由职业者

○ 其他

3. 您是否患有颈椎病、腰椎病等职业病？（单选题 *必答）

○ 是

○ 否

4. 你在日常工作中是否需要长时间对着电脑或其他显示屏幕？（单选题 *必答）

○ 是，时间很长

○ 需要，但时间不长

5. 您认为职业病与办公环境是否存在某种关系？（单选题 *必答）

○ 有

○ 没有

○ 不清楚

6. 是否有兴趣了解人体工学产品？（单选题 *必答）

○ 有兴趣

○ 没兴趣

○ 无所谓

7. 人体工学办公家具具备以下特点，哪些会比较吸引你？（多选题 *必答）

○ 提高舒适度，缓解亚健康状态

○ 操作简单、安全

○ 空间优化

○ 提高信息获取效率（多屏显示支架）

○ 提高工作效率

8. 是否愿意进入人体工学体验店进行免费体验？（单选题 *必答）

○ 愿意

○ 不愿意

○ 无所谓

9. 您比较愿意接受的人体工学办公家具的价格范围是多少？（单选题 *必答）

○ 500 元以内

○ 501～1 000 元

○ 1 001～5 000 元

○ 5 001～10 000 元

以下信息我们仅用于确保问卷的真实有效性及电话回访，我们将会为您保密所有信息，感谢您的配合！

10. 您的性别是？（单选题 *必答）

○ 男

○ 女

11. 您的年龄段是？（单选题 *必答）

○ 20～30 岁

○ 31～45 岁

○ 大于 45 岁

12. 您的月收入情况是？（单选题 *必答）

○ 2 000～4 000 元

○ 4 001～6 000 元

○ 6 001～8 000 元

○ 8 000 元以上

附录6 人体工学家具类产品消费者需求调查（普通消费者）

您好！

我们是一家致力于人体工学智能家具产品研发和生产的公司，为了掌握不同消费者对人体工学智能家具产品所持的观点，所以做了本次调查。感谢您在百忙之中抽出时间填写一下我们的问卷调查，对您的帮助和支持表示感谢！

1. 你从事的职业是？（单选题 *必答）

○ 互联网

○ 金融

○ 教育

○ 公司白领

○ 医疗

○ 学生

○ 公务员

○ 媒体

○ 自由职业者

○ 其他

2. 你在日常生活及工作中,每天平均坐着的时间约为？（单选题 *必答）

○ 3～4 小时

○ 5～6 小时

○ 7～8 小时

○ 9～10 小时

3. 你是否患有颈椎病、腰椎病等疾病？（单选题 *必答）

○ 是

○ 否

4. 你对人体工学家具是否感兴趣？（单选题 *必答）

○ 是

○ 否

5. 您对人体工学家具有何要求？（多选题 *必答）

○ 空间优化

○ 缓解疲劳

○ 美观环保

○ 操作简单、安全

○ 提高舒适度，缓解亚健康状态

○ 人性化

6. 比较愿意接受的人体工学桌椅类单品的价格范围是多少？（单选题 *必答）

○ 500 元以内

○ 501～1 000 元

○ 1 001～5 000 元

○ 5 001～10 000 元

以下信息我们仅用于确保问卷的真实有效性及电话回访，我们将会为您保密所有信息，感谢您的配合！

7. 您的性别是？（单选题 *必答）

○ 男

○ 女

8. 您的年龄段是？（单选题 *必答）

○ 0～18 岁

○ 19～30 岁

○ 31～45 岁

○ 大于 45 岁

9. 您的月收入情况是？（单选题 *必答）

○ 2 000～4 000 元

○ 4 001～6 000 元

○ 6 001～8 000 元

○ 8 000 元以上

附录 7　人体工学家具产品售前调查

您好！

为了更好地了解您对售前客户服务的需求，并为您提供更优质的购物体验，"泛星"人体工学家具邀请您参加此次售前客户服务问卷调查。感谢您在百忙之中抽出 3~4 分钟时间填写我们的问卷调查，对您的帮助和支持表示感谢！

1. 您请问您是否曾购买过"泛星"人体工学家具？（单选题 *必答）

○ 是

○ 否

2. 您是通过什么渠道了解到"泛星"人体工学家具的？（多选题 *必答）

○ 电商平台的推广页面

○ 网络

○ 媒体广告

○ 朋友推荐

3. 您更倾向于在线上、线下哪个渠道购买我们的产品？（单选题 *必答）

○ 线上

○ 线下

4. 如果您是在线上购买人体工学家具类产品，您更倾向于在哪个平台上购买？（多选题 *必答）

○ 天猫

○ 京东

○ 苏宁易购

○ 淘宝

○ 其他_____

5. 您是否愿意在方便的情况下到我们的体验店体验人体工学家具？（单选题 *必答）

○ 是

○ 否

6. 您希望我们在线上平台提供什么样的服务？（多选题 *必答）

○ 个性推荐

○ 及时回复

○ 详细的产品介绍（如商品产地，规格/技术参数、商品用途，所属材质，如何使用等）

○ 送货及安装

○ 提供售后保障（如商品如何保养，保修政策，是否提供发票等）

○ 易耗品及零配件销售

7. 在线下，如果有专业的客服人员为您提供售前咨询服务，您对以下哪类商品信息需求最大？（多选题 *必答）

○ 产品简介（如：商品产地、规格/技术参数）

○ 产品功能与属性描述（如：商品用途、所属材质、如何使用）

○ 产品售后保障信息（如：商品如何保养、保修政策、是否提供发票）

○ 商品折扣与优惠信息（如：商品促销信息、优惠活动）

○ 同类型商品的价格与功能对比（如：您需要购买人体工学家具、售前客服人员根据您的需求、为您筛选符合要求的产品进行性价比的比较）

○ 产品功能演示（现场操作如何安装、如何使用）

8. 您对在线上购买产品有什么担心？（多选题 *必答）

○ 安装不方便

○ 如何进行零部件更换

○ 过了保质期后的服务

○ 线上与线下价格差异较大

9. 在产品零部件的维修和更换上您更倾向于？（多选题 *必答）

○ 送实体店维修或者零部件更换

○ 反馈售后维修

○ 线上在官网自行购买零部件进行更换

○ 找熟人修

○ 其他＿＿＿＿＿＿

10. 您比较愿意接受的人体工学家具产品价格范围是多少？（单选题 *必答）

○ 500 元以内

○ 501～1 000 元

○ 1 001～5 000 元

○ 5 001～10 000 元

以下信息我们仅用于确保问卷的真实有效性及电话回访，我们将会为您保密所有信息，感谢您个配合！

11. 您的性别是？（单选题 *必答）

○ 男

○ 女

12. 您的年龄段是？（单选题 *必答）

○ 18～25 岁

○ 26～35 岁

○ 36～45 岁

○ 46 岁以上

13. 您的月收入情况是？（单选题 *必答）

○ 2 000～4 000 元

○ 4 001～6 000 元

○ 6 001～8 000 元

○ 8 000 元以上

附录 8 "泛星"产品客户满意度 调查（售后 3 个月）

　　尊敬的用户，您好！非常感谢您使用我公司生产的"泛星"人体工学家具产品，为了提高我们的产品质量，改进和研发新产品，特做一次问卷调查，您的意见对我们很重要，感谢您的参与！

　　1. 您对"泛星"人体工学家具产品质量是否满意？

○ 非常满意

○ 满意

○ 还行

○ 有待提高

○ 部分不好用

○ 非常不好用

　　2. 您对"泛星"人体工学家具产品的以下哪点最为满意？

○ 使用舒适度

○ 优化空间

○ 操作简便

○ 外观造型

○ 个性化组合

　　3. 您对"泛星"人体工学家具产品以下哪点最为不满意？

○ 使用舒适度

○ 优化空间

○ 操作简便

○ 外观造型

○ 个性化组合

4. 对于"泛星"人体工学家具产品设计，您认为还需要那些改进？

○ 材料绿色环保

○ 功能多样化

○ 产品智能化

○ 个性化造型设计

○ 使用有创新性

○ 组合家具定制

5. 考虑到舒适度要求，您希望有以下哪点改善？

○ 头部颈部支撑

○ 腰部支撑

○ 尺寸宽大

○ 增强透气等

6. 在功能性方面，你希望以下哪点有所改善？

○ 腰枕调节

○ 头枕调节

○ 椅子高度升降

○ 坐垫360度旋转

○ 轮子滑动

○ 其他，＿＿＿＿＿＿

7. 对于整套的人体工学组合家具和功能独立的小家具单品，您更倾向于买哪一种？（单选题 *必答）

○ 整套的人体工学组合家具（整套家具、一次性安装完成、风格统一、功能完整、价格较贵）

○ 功能独立的小家具单品（功能独立、产品小巧，单价亲民，用户可

以根据需求购买）

　　○　看情况而定，会综合考虑这些因素 ＿＿＿＿＿＿＿＿

　　8. 您比较愿意接受的人体工学家具产品价格范围是多少？（单选题 *必答）

　　○　500 元以内

　　○　501～1 000 元

　　○　1 001～5 000 元

　　○　5 001～10 000 元

　　9. 如有需要，您是否愿意再次购买"泛星"人体工学家具系列产品？（单选题 *必答）

　　○　愿意

　　○　不愿意

　　10. 您是否愿意推荐"泛星"人体工学家具系列产品给您的亲戚朋友及同事？（单选题 *必答）

　　○　愿意

　　○　不愿意

　　以下信息我们仅用于确保问卷的真实有效性及电话回访，我们将会为您保密所有信息，感谢您的配合！

　　11. 您的性别是？（单选题 *必答）

　　○　男

　　○　女

　　12. 您的年龄段是？（单选题 *必答）

　　○　18～25 岁

　　○　26～35 岁

　　○　36～45 岁

　　○　46 岁以上

　　13. 您的月收入情况是？（单选题 *必答）

○ 2 000～4 000 元

○ 4 001～6 000 元

○ 6 001～8 000 元

○ 8 000 元以上

附录 9　售后服务满意度调查问卷

尊敬的客户：您好！

　　非常感谢您选购了我公司的人体工学家具。感谢您在百忙之中抽出 3～4 分钟时间来填写这份"泛星"人体工学家具产品满意度问卷，这份问卷能让我们的售后服务做得更加出色。

　　1. 您购买了"泛星"人体工学家具的什么产品？（单选题 *必答）

○ 站立健康办公台

○ 人体工学桌椅

○ 显示支架类

○ 其他

　　2. 您对"泛星"人体工学家具售后服务总体印象如何？（单选题 *必答）

○ 非常满意

○ 满意

○ 一般

○ 不满意

　　3. 对于我们处理产品质量问题的方式是否满意？（单选题 *必答）

○ 非常满意

○ 满意

○ 一般

○ 不满意

　　4. 您在接受实际售后服务中是否遇到过先前承诺过而难以兑现的情况？（单选题 *必答）

○ 没有

○ 很多

○ 很少

5. 出现难以兑现的情况后企业是不是做出令您满意的服务与补偿？（单选题 *必答）

○ 是

○ 否

6. 您的家具产品是否短期内同一故障多次出现过？（单选题 *必答）

○ 有

○ 没有

7. 您认为家具产品售后服务应注重哪些？（单选题 *必答）

○ 服务态度

○ 配件质量

○ 维修质量

○ 价格

8. 现在的售后服务问题沟通上您更偏向于（单选题 *必答）

○ 电话

○ 上门沟通

○ 邮件

○ 网络

9. 您所购买的商品在售后处理中出现过哪些问题？（多选题 *必答）

○ 收费标准不统一，收费名目多

○ 维修不及时

○ 维修人员技术参差不齐

○ 服务网点不全，售后成本大

○ 售后服务人员服务态度差

○ 零配件不足

○ 售后时推荐其他的产品和信息

○ 其他

10. 您是否愿意回购我们的产品？（单选题 *必答）

○ 十分愿意

○ 愿意

○ 不愿意

○ 无所谓

11. 您对我们的售后服务还有哪些改善意见？

附录 10   市场调研报告

"泛星"人体工学家具产品客户满意度调查报告

一、调查背景

随着经济高速发展，人们对于健康舒适的生活、工作环境的要求不断提高，人体工学市场的竞争也十分激烈，为了提高我们的产品质量，改进和研发新产品，同时了解客户的想法，发觉客户的潜在需求，努力满足顾客的需要，并在此基础上持续改进以获得竞争优势，故决定以问卷形式对已购买我公司人体工学家具类产品的消费者，进行满意度调查。

二、调查内容说明

本次问卷调查涉及产品质量、产品价格、客户满意度、产品改进建议、回购率等方面，这份问卷基本上包括了公司产品销售的整个过程以及客户所关心的焦点问题，但还不够细致，没有细化到每个产品，争取在下次调查中加入各类产品的相关问题。

三、调查实施

此次客户满意度调查，在客户数据库中随机抽取 60 人，通过电话及邮箱共发放 60 份，共收回有效问卷 50 份。

四、调查数据分析结果

（一）基本信息

序号	问题	选项	人数	比例
11	性别	○ 男	14	28%
		○ 女	36	72%
12	年龄	○ 18～25	3	6%
		○ 26～35	19	38%
		○ 36～45	22	44%
		○ 46 以上	6	12%

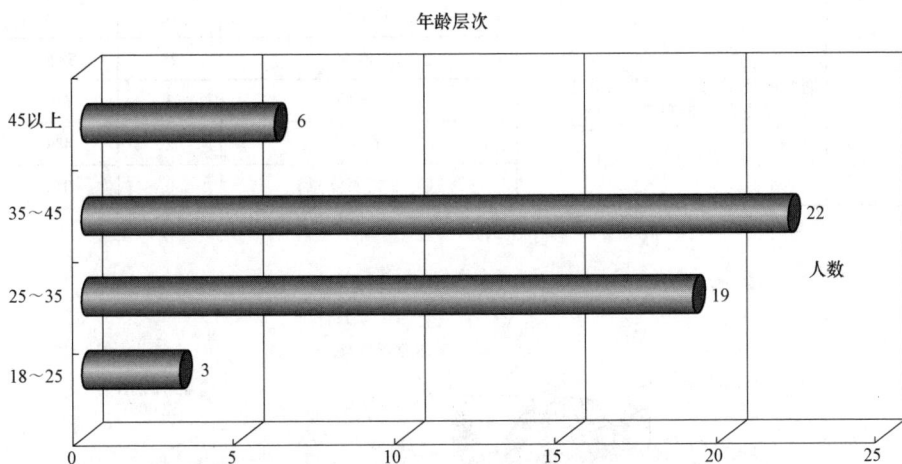

年龄层次

序号	问题	选项	人数	比例
13	收入	○ 2 000～4 000 元	6	12%
		○ 4 000～6 000 元	19	38%
		○ 6 000～8 000 元	12	24%
		○ 8 000 元以上	13	26%

基本收入情况/元

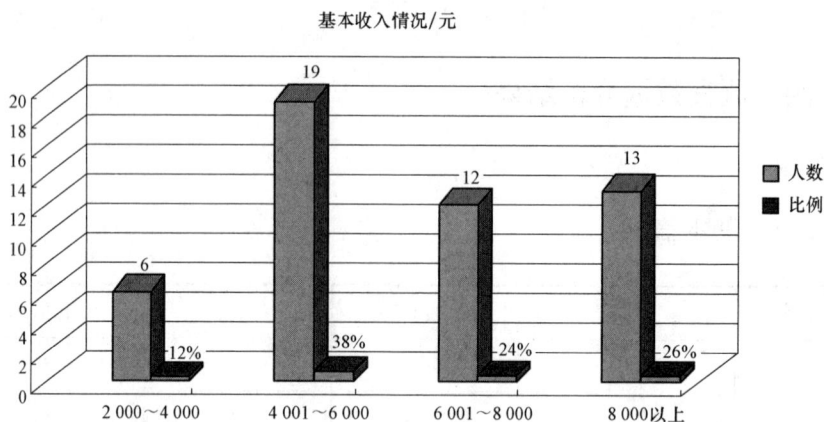

从数据统计结果看出，消费群体的年龄大部分在 35～45 岁之间，其中以女性消费者为消费主体。收入状况在 4 001～6 000 元之间的人群居多。

（二）满意度

序号	问题	选项	人数	比例
1	您对所使用的"泛星"人体工学家具产品质量是否满意？	○ 非常满意	16	32%
		○ 满意	29	58%
		○ 一般	3	6%
		○ 不满意	2	4%
		○ 非常不满意	0	0%

满意度

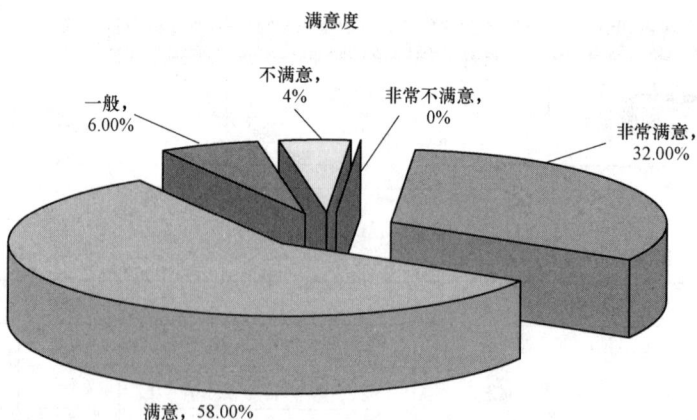

数据显示，调查中的绝大部分（96%）客户对我公司的产品还是满意的，

在此次问卷调查中，有 2 位客户评价对我们公司的产品不满意。这说明我们公司还是有许多不足之处，仍需要改进，加强客户的满意度将会给我们公司带来不可估量的效应。

序号	问题	选项	人数/人	比例
2	您对"泛星"人体工学家具产品的以下哪点最为满意？	○ 使用舒适度	35	70%
		○ 优化空间	8	16%
		○ 操作简便	3	6%
		○ 外观造型	0	0%
		○ 个性化组合	4	8%
3	您对"泛星"人体工学家具产品以下哪点最为不满意？	○ 使用舒适度	6	12%
		○ 优化空间	19	38%
		○ 操作简便	2	4%
		○ 外观造型	8	16%
		○ 个性化组合	15	30%

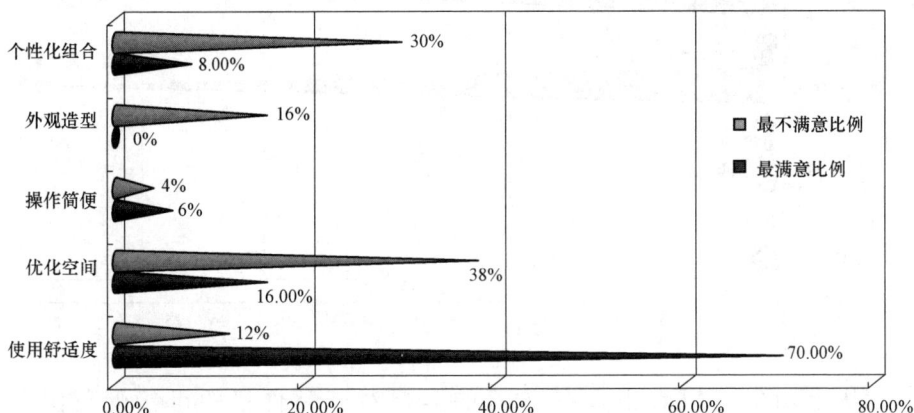

通过调查，我们发现，客户对于使用舒适度和空间优化两项尤其关注，也有 30%的客户在个性化组合定制方面不是很满意，这也给公司研发部门提出了改进的方向。合理的人体工学设计，能够帮助避免肢体的重复性劳损和其他肌肉骨骼疾病，从而保障职业健康，缓解工作疲劳，在人们亚健康状况极为普遍的今天，更是人们寄予厚望的一大关键点，要求我们从业人员更加

科学地研发产品。

（三）产品价格

产品价格是一个非常敏感的问题。在调查表中，我们并没有将家具产品按照单品或组合进行细分，直接将选项分为4个区间，即"500元以内、501～1 000元、1 001～5 000元、5 001～10 000元"。具体调查数据如下表：

序号	问题	选项/元	人数	比例
8	您比较愿意接受的人体工学家具产品价格范围是多少？	○ 500 以内	1	2%
		○ 500～1 000	4	8%
		○ 1 001～5 000	29	58%
		○ 5 001～10 000	16	32%

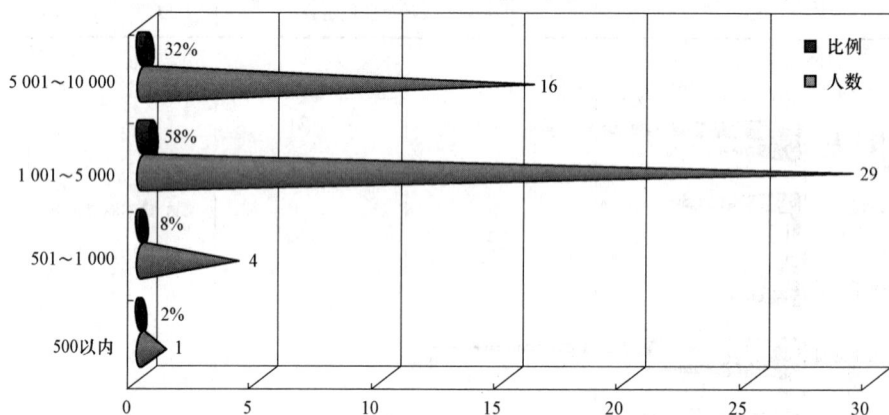

从上图中可以看出，有 58%的客户对产品价格的可接受范围在1 001-5 000元之间；有32%的客户产品价格的可接受范围在5 001-10 000元。可以看出，购买人体工学家具产品的消费者，如果产品符合他们的需求，是不介意在这方面花费一定的金额，也足以可见，现在的消费者是愿意在健康领域进行投资的。

（四）客户意见或要求

序号	问题	选项	人数	比例
4	对于"泛星"人体工学家具产品设计，您认为还需要哪些改进？（多选）	○ 材料绿色环保	43	86%
		○ 功能多样化	29	58%
		○ 产品智能化	35	70%
		○ 个性化造型设计	18	36%
		○ 使用有创新性	6	12%
		○ 组合家具定制	7	14%

对于"泛星"人体工学家具产品设计，您认为还需要哪些改进（多选题）

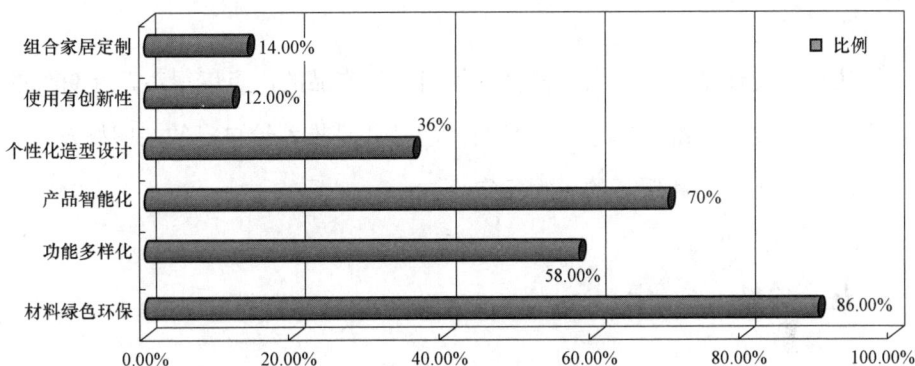

　　从图中数据统计可知，大部分客户要求材料绿色环保，并对产品的智能化及功能多样性有需求，这就要求我们不断改进生产工艺，加强科技研发，从而使产品获得性能优势。

（五）回购率

序号	问题	选项	人数	比例
9	如有需要，您是否愿意再次购买"泛星"人体工学家具系列产品？	○ 愿意	45	90%
		○ 不愿意	5	10%
10	您是否愿意推荐"泛星"人体工学家具系列产品给您的亲戚朋友及同事？	○ 愿意	45	90%
		○ 不愿意	5	10%

您是否愿意回购、推荐我们的产品?

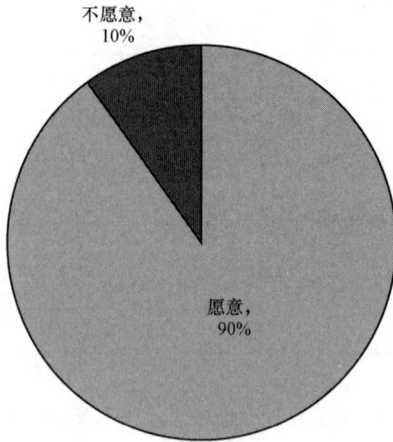

从数据统计结果可看出，客户对我们公司产品的满意度很高，近90%的客户在有需要的情况下愿意回购我们的产品并且推荐给自己的亲朋好友，这也是对我公司产品和服务的一大肯定。

五、总结

从总体上看，50份调查表中，90%的客户对我们公司产品质量还是很满意的。有70%以上的客户对我们公司产品的使用舒适度最为满意，其次是优化空间、操作简便。对于价格问题，大部分客户的可接受价格范围在1 001～5 000元，其次是5 001～10 000元，并且大部分客户要求材料绿色环保，并对产品的智能化及功能多样性有需求。

客户对产品质量较为关心，而产品质量是产品最本质的特性，只有保证了产品质量，才能立足市场，赢得客户。这就要求我们要加强采购管理，严把原材料关，并积极寻找绿色环保可替换材料；增强员工素质从而提高生产效率；加强设备维护与保养；不断钻研改进生产工艺；不断完善管理制度与监督体制，切实把好产品质量关。其次是服务，我们应该加强与客户的沟通，以便了解客户的意图与需求，促进我们对产品的改进与完善。我们应该在以下几个方面多下功夫，即产品含量、产品开发、减本降耗、售后服务。绝大多数客户对我公司的产品、服务还是满意的，当然也存在许多需要继续改进的方面，这需要我们进一步的努力。此次调查时间紧张，问题设计不够具体，力争在下次调查中能细化调查项目，更好的设计调查题目，这样才能通过满意度调查来全面了解公司的不足，已推进公司的持续改进。